数学教师的科研之路

王元友/ 著

安徽师范大学出版社
ANHUI NORMAL UNIVERSITY PRESS
· 芜湖 ·

图书在版编目(CIP)数据

数学教师的科研之路 / 王元友著．—芜湖：安徽师范大学出版社，2022.1（2023.9重印）
ISBN 978-7-5676-5415-0

Ⅰ.①数… Ⅱ.①王… Ⅲ.①中学数学课－教学研究－文集 Ⅳ.①G633.602-53

中国版本图书馆CIP数据核字(2021)第241219号

数学教师的科研之路　　王元友／著

责任编辑：孔令清　　责任校对：舒贵波
装帧设计：张　玲　　责任印制：桑国磊
出版发行：安徽师范大学出版社
　　　　　芜湖市北京东路1号安徽师范大学赭山校区
网　　址：http://www.ahnupress.com/
发 行 部：0553-3883578　5910327　5910310（传真）
印　　刷：苏州市古得堡数码印刷有限公司
版　　次：2022年1月第1版
印　　次：2023年9月第2次印刷
规　　格：700 mm × 1000 mm　1/16
印　　张：13
字　　数：230千字
书　　号：ISBN 978-7-5676-5415-0
定　　价：59.00元

序　一

翻开王元友老师的《数学教师的科研之路》，内心非常激动！为什么呢？当下一线教师都比较“忙”，看书的时间也少了，于是乎很多数学教师存在善解题弱建构、善表达弱写作、善教学弱研究等现象，从某种程度上阻碍了教师的专业进一步发展．王元友老师有点不一样，同样是一线教师，却走出一条属于自己的科研之路，令人欣慰，值得鼓励．

王元友老师的书分为“论文篇”和“课题篇”两部分．在“论文篇”中，作者从《论数学教育论文的撰写》出发，文章虽然不长，却能透视出作者对论文写作的认识．作者的视角比较开阔，细腻敏锐地捕捉到初中数学课堂中的问题，以幽默智慧的方式靠近学生、把学生的“学”放在心中，为数学教育提供了有效的策略；列举案例呈现了不同课型的设计思想，提供了别样的教学方式；难能可贵的是，作者还关注学生探究能力的培养，让学生经历实践体悟的过程，培养学生的数学学科核心素养意识．在“课题篇”中，作者从《论数学课题研究的策略与方法》出发，两篇内容思考路径相同，从概念出发，厘清数学教师对科研的认识，列举了作者做过的课题，揭示专业发展的心路历程，基本呈现了一位一线数学教师专业发展的轨迹，为中学教师的专业发展提供了可借鉴的路径．

本书的观点符合时代要求，既育人又育能，所选取的案例比较典型，虽不能面面俱到，但精选的案例能透视中学数学教育的本质、规律及目标．

本书可作为教师培训的参考资料，也可作为“见习教师规范化培训”的参考用书，让观书者有一得、读书者激一思、用书者进一步！

因作者之请，写了一点感想，权作为序.

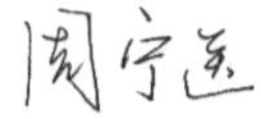

正高级教师，特级教师，
浦东教育发展研究院主任

2021年10月

序　二

一线教师是否要做教育研究？这个问题毋庸讨论.但我认为，一线教师做研究必须先弄明白以下几个问题：教师为什么要做研究？教师应该做什么样的研究？如何来做研究？

教师开展研究是对自身教学过程进行反思、修正和提炼的一种重要形态，既是增强课堂教学效益的需要，也是教师自身专业成长的需要.我们都有这样的共识，教师的教学智慧是一种实践性智慧，教学的表象是传授学科知识与方法，深层次上是传递学科思想与精神，本质上是以“教书”为载体育好人.教师只有通过研究，才能更好地把握教育规律，将实践经验上升为理性认识，进而有效提升教的质量和育的品质，这正是教师开展研究的价值所在.

那么教师应该做什么样的研究呢？教学中值得研究的问题很多，这些问题的内涵也很丰富，但我想一线教师的研究应该紧扣教学实践来展开，即研究好、研究透教的内容、对象和方法等.优秀教师对教学实践的研究有许多共同的特质，他们对课标与教材的理解很透彻，能精准把握教学内容，把学科教学目标与学科育人目标高度统一起来；优秀教师非常注重对学情的研究，通过对学生的知识背景、个性特长、成长环境等分析比对，能准确确认一堂课、一个单元，甚至是一门学科整个教学的实践起点.在这个基础上，教师再重点研究因材施教的办法，如教学组织、教学对策、环节落实、疑难分解、问题架构、作业设计、教学评价与个性辅导等，教学的针对性、有效性就更强了.

有人认为，研究就是做几个课题、写几篇论文，其实这是非常片面的.教师做研究不同于科研人员的理论研究，这是实践问题的研究与实践经验的提炼，研究的项目、过程和方法都与课堂紧密相关，研究的重点是在教育理论指引下通过解决实践性与操作性问题，呼应教改热点、直击教学痛点、解决课堂难点，探索教学规律、提升教学效益，形成一个个解决具体问题、实践问题的典型案例.这是学校教学非常需要的一种“工匠精神”.

基于以上对于一线教师开展教育研究的认识，我认真阅读了王元友老师的著作，感到比较实用，也颇有启发.著作分为“论文篇”与“课题篇”两个篇章，涵盖了教材研究、命题研究、教学研究等方面，内容十分丰富.王老师的研究立足教育教学实际，既有对理论问题的阐述诠释，更有众多对实践问题的剖析解读和教学示范，研究的视角聚焦数学课堂教学，是数学老师特别是年轻的数学老师，用来了解数学教学研究范式、研究数学教学方法的一本很好的参考资料，为一线教师提供了一种从内容到方法、从形式到案例的研究指导.

吴卫国

正高级教师，特级教师，
崇明中学校长

2021年10月

前　言

从新手型教师到成熟型教师，备课、上课、听课、评课是教师成长的必修课，入格、塑格、定格和风格是其成长的规律.许多一线数学教师善教学弱研究，善语言表达弱文字描写，善举例弱概括，对撰写数学教育教学论文和做数学课题研究有畏难情绪.尽管他们经历过理念类、实践类和个人素养类的教育培训，但是教育教学研究无法走向自发自觉，专业发展存在瓶颈，无法快速成长为研究型教师.

本书分为论文篇和课题篇两部分.

论文篇，笔者先在《论数学教育论文的撰写》一文中介绍了数学论文的概念、类型、基本结构及选题等，给出了撰写数学教育论文的一般路径；后结合自己的教学实践及反思，从课堂教学策略、教材与学情、命题与解题、课例与案例、核心素养与教学设计等五个维度精选18篇数学论文及指向核心素养的任务设计，阐述数学教学观.

课题篇，笔者先在《论数学课题研究的策略及方法》一文中，结合自己做课题的经验，描述了数学课题研究的意义，如何进行课题选题，数学课题立项、开题、结题等实施的一般路径，后展示了一份数学研究课题成果.课题采用倒叙的描述手法，翔实地展示了该课题研究的全过程及相关资料.该课题成果可复制、可推广，既可用于指导教学实践，也可作为数学教师学做课题研究的样板.

全书阐述了笔者的数学教育教学观：数学教师要充分建构和解构数学教

材，基于单元教学和实际学情重构教学内容，创设数学情境，合理引导，帮助学生理解数学知识，感悟数学思想和方法.同时，发展学生的思维品质从低阶思维走向高阶思维，培养他们的数学核心素养.

本书所选文章时间跨度较长，部分文章行文较早，充分反映了笔者成长的历程，期待数学界同仁批评指正.

目　录

论 文 篇

论文篇

在数学家保持沉默的地方，在教育家终结成果的后面，还存在一个广阔的空间——数学教学研究，可供广大数学教师探索研究，从而发展自我.数学教学的研究对象包括课堂教学策略、教材与学情、命题与解题、课例与案例、核心素养与教学设计等.数学教学是数学活动的教学，教师的主要功能是“引”——创设数学情境，引导学生进入数学活动，这是教师深度教学的必备条件；学生的主要活动是“思”——在教师创设的数学情境下主动参与数学活动，提升思维品质，这是学生深度学习的表现.

论数学教育论文的撰写

一、数学论文的概念和类型

（一）什么是数学论文

数学论文是用来描述数学研究成果的文章，是学术研究的结晶.数学教育论文是探讨数学问题、进行教育研究的一种手段，是描述科研成果、进行学术交流的一种工具.

（二）为什么要撰写数学论文

数学教育科研是一种思维活动，需要用文字把思考的问题、研究的成果进行加工、整理、提炼、记录，使创造性的思考在纸面上视觉化.撰写论文能反映教师的教育观念，展示教师的学术水平和科研能力.所以，数学论文是检验数学教师思想水平、认知能力、理论修养的窗口，是考核数学教师知识水准、业务专长的标尺之一.

（三）数学论文的类型

从教育科研的角度分，数学论文可分为以下四种类型：

1.经验型论文.

经验型论文是教师在教育教学实践中总结出来的理性认识.经验型教育论文是教学经验总结的理论升华，是经过优化组合的教学理论总结.数学教师撰写经验型论文，是在总结、选择、分析与论证经验的基础上，抓住本质，进行思考和发掘，提出自己的真知灼见，形成自己独特的论点，并在论证之后，使原有经验转化为具有总结性、独创性和理论性的数学论文.

2.研讨型论文.

研讨型论文是研究数学教育教学中的矛盾及其解决办法的理论性文章.撰写研讨型论文，所研讨的问题要从客观实际出发，以确凿可靠的材料为立论依据，过程要注重以事论理，结论要符合客观实际，并有独到见解和实用价值.

3.评述型论文.

评述型论文是针对数学教学领域内对教材内容的再加工等进行评析的论文.撰写评述型论文，要先选择好评述对象，以教学细节加深对评述对象的理解，提高对评述对象的认识，给出自己的新发现、新见解和新构想.

4.学术型论文.

学术型论文是专门系统研究教育教学领域的理论问题和表达科研成果、阐述学术观点的高层次论文.撰写学术型论文，选题要求比较严格，一般篇幅较长，分量较重，论题必须与之相适应，提出的论点要有创新性和独到见解，选用的材料要达到必要、确实、新颖、充分、协调的选材标准，整个研究内容要富于很强的理论性、创造性和论证性.

二、数学论文的基本结构

数学论文的基本结构一般由以下六个部分构成.

（一）题目

用一句话点明作者所要研究的问题，如《初中数学课堂问题设置的常见误区及对策研究》，说明该文一是研究初中数学课堂问题设置的误区有哪些，二是研究解决问题的策略.

（二）署名

文章题目下面要署上作者姓名和工作单位，以示文责自负.

（三）引论

引论是论文的前言，在于阐述该文的研究价值与意义.引论部分在论文中可以冠以明确的标题，常用的如“问题的提出”等，也可以不加标题，只在立论的前面写上一段话.

（四）主论

主论是一篇论文的主体.在主论中，作者要提出自己的论点，运用丰富的材料，展开充分、严密的论述，或证实或推翻某一观点.不同体例的论文对主论部分的格式要求有所不同，一般格式是将主论部分分成若干小部分，加以标题，逐层展开论述.

（五）结论

结论是对整个研究工作的小结，简要归纳所获得的研究成果或观点.

（六）参考文献

数学研究活动主要是在前人研究的基础上发展的，所以在撰写过程中，可参考已有的研究成果，减少重复劳动，从而取得有价值的新成果和新突破.但是，凡是引用了他人材料或研究成果，作者在撰写过程中都必须加以说明或注明出处.

三、数学论文的选题与撰写

一篇数学论文从构思到修改，到最终定稿，其撰写过程大致可以分为以下五个步骤.

（一）论文的选题

选题可解决数学论文要写什么的问题.选题选取必须恰当，如果选题选取不当，论文可能就没有多大的研究价值.

选题选取的原则是要有研究价值和研究意义.选题选取可以是教育实践中急需解决的问题，或是带有普遍性、整体性、全局性的客观课题，抑或是带有局部性、具体性的微观课题.譬如教材研究，课堂教学策略研究，基于学情与教材对于学生数学核心素养的培养、命题与解题等有关领域的研究，学生学习过程中的错误研究等，都可以成为撰写数学论文的主题.

（二）确定论文题目

撰写论文的第一步是要确定题目，其目的在于引导读者一目了然地知道该论文的研究内容及研究价值.

一个好的论文题目应符合下列要求：

（1）新颖.论文题目必须新颖.一是指抓住最新热点问题进行研究，如数学核心素养在课堂教学过程中的落实、研究性课程的开发等.二是指在原有的问题之外，提出一个新的研究思路.

（2）宜小.论文题目一般不宜过大，即切口要小.题目过大，内容不够充实，论文容易写得空泛.譬如《初中数学课堂问题设置的常见误区及对策研究》，研究的切入点就是问题设置的常见误区是什么、如何解决以及解决的具体策略.

（3）准确.这是指论文的题目和内容要名实相符，题目要能准确反映论文所研究的内容.题目可以直接明确题意，如《初中数学结课行为的实践研究》，也可以是问题式的，如《数学教学中如何培养学生的数学思维能力》.总之，无论采用哪种形式，题目都应该能确切地反映所要研究的问题和内容.

（4）简短.题目不宜过长，要简短，要一目了然，让读者一眼明白作者想要论述的问题.

（三）拟定写作提纲

题目确定之后，就要根据题意拟定写作提纲，对论文的基本框架和总体布局进行设计、安排.

提纲实际上是一篇论文的写作设计蓝图.一份好的论文写作提纲具有如下特点：

（1）能安排好全文的布局.如主要论点与次要论点的排列，论证的逻辑展开等.这样的提纲可使论文各部分结构严密，条理清晰，推论合乎逻辑.

（2）能安排好材料的使用.如基本材料和副次材料的排列，各部分、各个论点下需要枚举的材料等.这样的提纲可使研究过程中搜集的材料组成一个层次清晰的有机结合体，以提供具有充分说服力的论据和事实.

（3）能安排好论文的篇幅.如全文大约多少字，各部分大约多少字.有了这个提纲，写作时就更有计划，避免东拉西扯，离题太远．至于一篇论文到底以多长篇幅为好，并无定论．评价一篇论文的水平优劣和质量高低并不是看字数的多少，而是看内容的科学性、学术性和应用价值等．

（四）论文写作

提纲拟定后，就可以按照提纲写作了．写作时需注意科学性与逻辑性两大问题．

1. 注意立论、推论和表述的科学性．

论文是科学研究的结晶，丧失了科学性，论文就不能称其为论文了．因此，在写作过程中，要明确论点，准确运用概念，严格进行推理，注意科学性和严谨性，毕竟任何夸大其词的表述都会降低论文的质量．

2. 注意论点、论据和论述的逻辑性．

一篇好的论文，必须论点明确，论据确凿，论述严密，三者之间逻辑统一．在写作过程中，研究者应该对搜集的大量材料进行提炼、取舍，精选出最有价值的论据，用来支撑自己提出的论点．同时，在论证过程中，要注意层层论述，以便论点、论据、论述三者之间形成严密的逻辑关系．

（五）推敲修改

论文写完后，不仅要对文章的立论、结构进行认真推敲，而且对每个句子、字词，甚至标点都要细加斟酌．论文修改时，最容易出现的情况是，作者对自己的文章难以割舍．首先，要做严格的自我审阅，自我修改．作者可以尝试先把稿子放一段时间，头脑冷一冷，跟文章保持一定的距离，用第三者的眼光，客观地进行阅读，这样更容易发现问题．作者要做到写作时能钻进去，修改时能跳出来；写作时要“深信不疑”，修改时要“吹毛求疵”．其次，文章修改过程中，还可以请其他老师审阅，以征求更多的修改意见．俗话说“当局者迷，旁观者清”，文章中的一些问题，作者难以察觉，旁人却很容易看出来．

总之，一篇高质量的学术论文是在不断推敲并修改的基础上完成的．

课堂教学策略

数学教师的基本功要扎实，要善于举例，善于提问，善于比较与优化，才能够轻松驾驭课堂.同时，数学课堂的教学策略要适切.本部分文章既有对数学课堂问题设计坡度的思考，也有对数学课堂结课行为的思考，还有对数学试卷讲评课教学模式和如何讲题的思考等.

初中数学课堂问题设置的常见误区及对策研究

从教十八载，在区级教研活动中，曾多次参与听评课，这些课既有名师、骨干教师的展示课，也有青年教师的汇报课，还有各个学校的教学评选课等，笔者在听取完各类各层次的授课后有喜有忧.喜的是二期课程改革的理念已经渗透在课堂教学中，忧的是这些课堂教学依然存在诸多不足，如课堂问题设置不足等.本文拟从课堂问题的设置对笔者听评课过程中发现的问题予以评析，期望能够起到抛砖引玉的作用，引起更多数学教师的关注.

一、重视数学课堂问题设置的意义

笔者在教研过程中发现，部分教师的课堂问题设置过于简单以至于学生思考价值不大，部分教师的课堂问题坡度设置不合理以至于学生思维有障碍，部分教师的课堂问题设置合理但没有给予学生足够的思考时间等，所以我们需要关注数学课堂教学过程中的问题设置，从中汲取经验，反思不足，以便提升教学质量.

叶澜教授曾提道：“好的数学问题是驱动学生思维的有效载体，数学教师关注数学课堂教学过程中的问题设置是新基础教育成功的关键指标之一.”

数学教师如果能够设置恰当的课堂问题，有助于学生开拓思维，提高运用数学知识解决问题及语言表达的能力；有助于学生把握课堂的生成性资源，不断调控课堂教学，从而平衡教学内容的预设及生成关系.

笔者认为，数学教师备课时设置合理的课堂问题需基于最近发展区理论，具备一定的思维价值，让学生通过小组合作或教师的诱导发现问题解决的方式并获得答案.

二、数学课堂问题设置的常见误区

苏霍姆林斯基曾说过："思维是从疑问开始的，只有敢于质疑与思考才能够实现教学创新." 数学教学尽管是一门遗憾的艺术，但是在遗憾中学会提出问题是数学教研过程中教师专业化发展的新的生长点.纵观笔者的听课过程（以下教学片段是根据听课过程记录的），总结数学教学过程中问题设置的常见问题如下：

（一）数学课堂问题设置指向不明确

问题设置的主要目的是引导学生思考的方向，激发学生产生解决问题的积极性，以便落实学生的主体地位，形成活动课堂，提升课堂探究的实效性.笔者在听课过程中发现，部分数学教师问题设置的指向不明确、含糊不清，以至于学生无法基于提出的问题合理思考，并及时作出回答.

案例1　《相似三角形判定（2）》课堂教学片段

师：如图1，在 $\triangle ABC$ 和 $\triangle A'B'C'$ 中，$\angle A=\angle A'$.根据边角边（SAS）判定条件来判断 $\triangle ABC$ 和 $\triangle A'B'C'$ 全等，还需要添加什么条件？

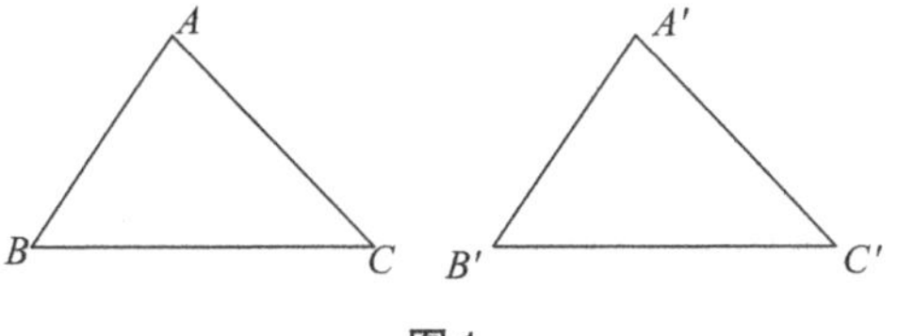

图1

生：还需要添加条件 $AB=A'B'$，$AC=A'C'$.

在 $\triangle ABC$ 和 $\triangle A'B'C'$ 中，因为 $\angle A=\angle A'$，$AB=A'B'$，$AC=A'C'$，所以

$\triangle ABC \cong \triangle A'B'C'$.

师：如果把条件“$AB = A'B'$，$AC = A'C'$”改写成“$\frac{AB}{A'B'} = \frac{AC}{A'C'} = 1$”，那么$\triangle ABC$和$\triangle A'B'C'$是否还全等？

（教师在刚才的板书中改写）

生：是的，因为条件“$AB = A'B'$，$AC = A'C'$”和条件“$\frac{AB}{A'B'} = \frac{AC}{A'C'} = 1$”是等价的，所以两个三角形仍然是全等的.

师：回答得很好！那么这两个三角形除了是全等关系外，还是什么关系？

（学生思考……）

生：相似吧，因为全等三角形是相似比为1的特殊相似三角形.

（教师把刚才板书$\triangle ABC \cong \triangle A'B'C'$中的“$\cong$”改成“$\backsim$”.）

改动后的板书：

在$\triangle ABC$和$\triangle A'B'C'$中，因为$\angle A = \angle A'$，$\frac{AB}{A'B'} = \frac{AC}{A'C'} = 1$，所以$\triangle ABC \backsim \triangle A'B'C'$.

师：的确如此！也就是说，如果一个三角形的两边与另一个三角形的两边对应成比例，并且夹角相等，那么这两个三角形相似（判定定理2）.

师：伟大的科学家牛顿曾说过：“没有大胆的猜想，就没有伟大的发现和创造.”

……

评析：相似三角形判定定理2是在学生已学过相似三角形判定的预备定理和判定定理1的基础上学习的.如果脱离上海教育出版社版初中数学教材的编排体系，本课时为了引入判定定理2而设置的问题很合理，从学生的实际学情出发，用已学的全等知识逐步引导学生从特殊到一般，猜想出判定定理2的内容，进而验证此论证符合数学定理教学的模式.现在推敲授课教师的最后一问：“对于三角形相似的条件，你们有什么大胆的猜想呢？”授课教师需要什么样的答案呢？作为听课教师我们知道授课教师的教学期望是什么，但是如果学生给出三边对应成比例或者直角三角形中斜边与直角边成比例等课堂生成性资源，教师该如何处理？固然教师可以凭借教学机智解决问题，但是这里面就暴露了课堂问题设置的第一个常见误区，问题设置的指向不够明确.

课堂问题设置不明确，随心所欲，其结果是问答中充满了大量的是非问和填空问.不少问题根本不需要思考，有的甚至“照本宣科”就能应答自如，这样的课堂看起来热热闹闹，但学生思维的效率极低.所以，笔者建议数学教师设置课堂问题时务必严谨，问题的指向务必明确.只有为学生指明思考的方向，才能够把学生的学习兴趣吸引到数学课堂中来.只有设置合理的数学课堂问题，才能够引导学生真正参与到课堂教学互动之中，才能够通过合理的互动解答教师所设置的问题，从而通过过程性目标的实现达到解决问题的教学目的.

（二）数学课堂问题设置没有基于学生的最近发展区

问题设置较浅显，对于学生的思维锻炼没有价值；问题设置过难，又可能产生冷场的教学场景.教师要基于学生的最近发展区设置课堂问题，让学生经过自己的思考才能够解决.即使设置的问题有一定难度，如果教师能够设置合理的坡度，那么学生通过小组合作也能够解决.

案例2　《锐角三角比（2）》课堂教学片段

青年教师教学片段：

青年教师采用导学单式教学模式，学生先自学，然后开门见山地采取讲授式教学，直接提问“我们今天将学习什么内容?”学生由于预习过了，所以直接说出“今天学习锐角的正弦、余弦”，最后教师提问“锐角的正弦、余弦的定义是什么？你能够借助图形给予说明吗?”……

骨干教师教学片段：

师：直角三角形中，30°角的对边与斜边的比值是多少？

生：1∶2.

师：在Rt$\triangle ABC$中，$\angle C=90^\circ$，$\angle A=45^\circ$，$\angle A$的对边与斜边的比值是一个定值吗？如果是，是多少？

生：是定值，为$\frac{1}{\sqrt{2}}$.

师：直角三角形中，45°角的对边与斜边的比值为$\frac{1}{\sqrt{2}}$.

评析：骨干教师先强调直角三角形中30°角和45°角所对的直角边和斜边的比值固定，再采取从特殊到一般的研究方式归纳总结直角三角形中锐角固定角的比值也是固定的.

学生自学探究：

师：当$\angle A$取其他一定度数的锐角时，它的对边与斜边的比是否也是一个固定值？

探究：如图2，任意画Rt$\triangle ABC$和Rt$\triangle A'B'C'$，使得$\angle C=\angle C'=90^\circ$，$\angle A=\angle A'$，那么$\frac{BC}{AB}$与$\frac{B'C'}{A'B'}$有什么关系.你能解释一下吗？

生：可以看出这两个三角形相似，所以$\frac{BC}{AB}$与$\frac{B'C'}{A'B'}$相等.

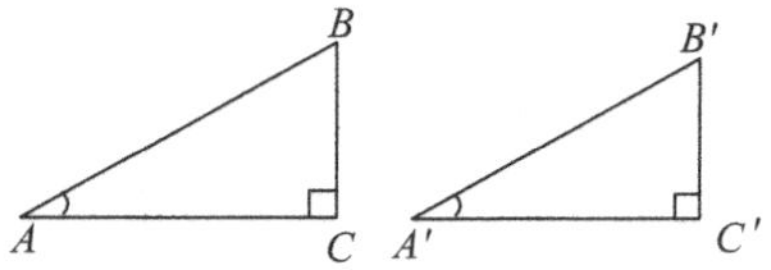

图2

师：这就是说，在直角三角形中，当锐角A的度数一定时，不管三角形的大小如何，$\angle A$的对边与斜边的比是一个固定值.

评析：骨干教师通过在直角三角形中有一个锐角相等，那么这两个直角三角形相似，从而得出对应边的比相等.这说明在直角三角形中，锐角A的度数一定时，不管三角形的大小如何，$\angle A$的对边与斜边的比值是一个固定值.

师：下面我们来认识一下锐角的正弦概念：如图3，在Rt$\triangle ABC$中，$\angle C=90^\circ$，$\angle A$的对边记作a，$\angle B$的对边记作b，$\angle C$的对边记作c.

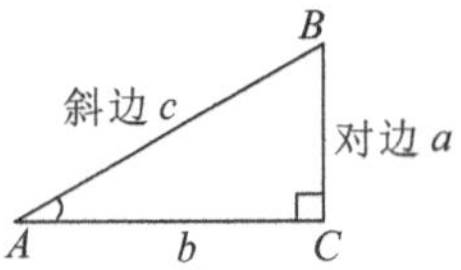

图3

在Rt$\triangle ABC$中，$\angle C=90^\circ$，我们把锐角A的对边与

斜边的比叫做∠A的正弦，记作$\sin A$，即$\sin A = \frac{\angle A\text{的对边}}{\angle A\text{的斜边}} = \frac{a}{c}$.

评析：从上述两节课对于正弦概念的引入可以发现，无论采用何种教学模式，基于学生最近发展区的问题设置才是最关键的.青年教师可能囿于自己的教学经验和对于数学教材、数学课程标准的把握等，表面上看其课堂问题设置采取了流行的学案导学模式，充分借助导学案的导学导思进行教学，但是锐角的正弦定义采用讲授式教学模式并不利于学生对于数学本质的理解.我们再观察骨干教师的展示课，可以发现他是从锐角正弦的本质定义出发，从特殊到一般，进而从相似的角度论证“直角三角形中一个锐角的对边与斜边的比是一个定值”，即“锐角的正弦值只与该锐角的大小有关，与锐角的对边和斜边无关”，从而清晰地引入了锐角的正弦概念及其本质.

如果忽视学生的年龄特征，问题情境设计脱离实际，那么学生难以理解和接受新概念，难以开展思维活动，难以辨别思考方向，严重影响教学效果.所以笔者建议，初中数学教师设置数学课堂问题一定要在充分研究数学教材和数学课程标准的基础上，基于学生的最近发展区，这样才能够借助师生互动的过程帮助学生建构新旧知识的联系，达到掌握新知的目的.

（三）数学课堂问题设置的深度与广度有待商榷

心理学家将问题从提出到解答的过程称为“解答距”，就是让学生经过一段时间的思考，让思维的“轨迹”产生一段“距离”后再解决问题.如果要给予学生足够长的解答距，让学生的思维轨迹得到充分展示，就需要教师在问题设置的深度与广度上做文章，即引导学生在解决数学问题时经历模仿、变式、反思、自觉分析这样一个过程，从而促进学生思维能力的养成与提升.

案例3　《解直角三角形的应用（2）》课堂教学片段

【例题】如图4，热气球的探测器显示，从热气球上看一栋高楼顶部的仰角为30°，看这栋高楼底部的俯角为60°，热气球与高楼的水平距离为120 m，问这栋高楼有多高？

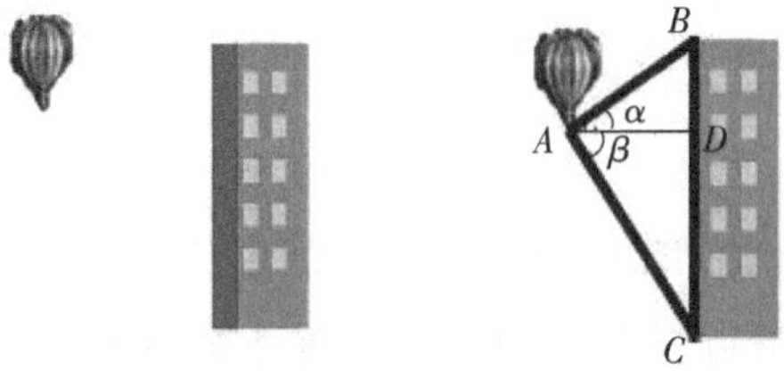

图4

评析：该授课教师先让学生根据题意构造图形，再引导学生将已知条件标注到图形上，最后进行分析. 由已知条件可知$\alpha=30°$，$\beta=60°$，$AD=120$ m. 在Rt△ABD中，$\alpha=30°$，$AD=120$ m，所以可以利用解直角三角形的知识求出BD的长. 类似地，可以求出CD的长，进而求出BC的长. 这种先分析后板演的教学模式，从某种意义上说，应该是严谨的，而且渗透了先学后教、师生互动等二期课改理念. 那么我们能否在这样一个看似完整的教学片段中，从教学研究的角度提出问题呢？我们认为本题给予学生的思维空间还可以再扩展一些，即数学问题设计的深度与广度还可以进一步挖掘，给予学生更长的解答距.

如何给予学生充分的解答距呢？我们可以从本题出发，进行变式.

【变式1】热气球继续升高一定距离后探测器显示，从热气球上看一栋高楼顶部的俯角为45°，看这栋高楼底部的俯角为60°，热气球与高楼的水平距离为120 m，问这栋高楼有多高？

【变式2】热气球继续升高一定距离后探测器显示，从热气球上看一栋高楼顶部的俯角为α，看这栋高楼底部的俯角为β，热气球与高楼的水平距离为a米，问这栋高楼有多高？

学生经历这样一组题组式训练后，其思维的深度与广度得到拓展，解答距也让学生积累了关于仰角、俯角的概念及解直角三角形应用问题的解题经验，经历了模仿、变式、反思和自觉分析的过程，可以更加有效地融会贯通数学知识与技能.

基于上述课堂教学模式，笔者建议数学教师要从学生实际情况出发，合理设置课堂问题，帮助学生增加思考的阶梯，即做到无梯时架梯、有梯时增加阶梯密度. 总之，只有课堂教学时设置的问题由浅入深、坡度逐步减小，才能够启发学生思维，帮助学生解决问题.

三、数学课堂问题设置的对策研究

常见的数学问题可以分为四类：一是认知记忆类问题，即简单地再现或回忆已学知识的问题；二是认知集中类问题，即只有一种解答方式或者需要经过回忆思考的问题；三是分歧类问题，即能够引起学生思考并且形成多种解答方式或答案的启发性思考题；四是评价类问题，即学生需要运用所学知识对所给问题作出分析判断并说明理由的问题.数学问题设置的方法很多，角度也很多，没有统一的模式，教无定法，但是教要得法，问题设置要有法，即数学课堂问题设置要遵循教育教学规律，遵循数学教材及数学课程标准的要求.我们可以从以下方面做出问题设置的改进：

（一）以学定教，注重数学问题设置的分层

教师要根据初中数学教材、数学课程标准和学生的实际学情对教材进行建构，而且精心对每一课时的教学内容进行建构是进行高效教学的关键.这就需要数学教师针对教学内容注重数学问题设置的分层，关注各层次学生的发展.为避免满堂问、提问次数过多，教师应当根据学生的思维特点和年龄特征以学定教，合理安排问题.譬如针对六、七年级的学生，教师应尽量采用通俗易懂的方式激发学生的学习兴趣，针对八、九年级的学生，则注重把握问题的深度与广度，以此来保证不同层次学生的需求，激发学生学习的积极性，从而达到培养学生能力、提升教学质量的目的.

（二）先学后教，留给学生足够的思考时间

在注重数学问题设置分层的同时，教师还要注意在问题抛出后给学生留有足够的思考时间，否则就会出现过犹不及的情况.思考时间过短，学生可能还没有思考清楚，问题问和不问对于学习程度中等及偏下的学生没有区别.所以，教师要让学生在接受数学问题后能够先学后教，在适当的时间后再进行解答，然后针对学生的解答给予及时准确的点评，注重课堂教学过程中再生资源的把握和使用.也就是说，如果出现预设外的课堂再生资源，教师可以采用追问的方式继续设置问题，引导学生动脑思考（形成思

维的跳一跳）.当学生的回答正确但不充分时，教师要及时补充信息，以便让学生得出更完整的答案.先学后教式的设置问题，能够给学生提供机会，让学生在探究过程中获得新认识，提高解决问题的能力，促进思维的发展，同时增强成功的体验感.

（三）在学中教，激发师生共同成长

任何备课都可以称为一种教学预设，纵然教师的素质再好，也不可能完全预设出所有的课堂情况.所以，教师要引导学生提高学习能力，尤其要关注学生学习时的教，更加彰显教师捕捉与把握问题时通过设置问题引导学生解决问题的必要性.教师设置的问题最好是学生没有认真阅读教材和深入思考之前很难回答的，或者是班级中大多数学生经过个人努力或者小组合作后才能解决的.这样的问题设置才能具备一定的深度，这样的问题情境创设也才可以进一步激发师生的共同成长.与此同时，问题设置要面向大多数学生的认知水平，要能发展学生的思维，这是评价教师问题设置能力的重要指标之一.

著名心理学家皮亚杰曾经说过："只有当感性输入与学生现有认知结构具有中等程度的不符合时，兴趣最大."所以，设置好的数学问题能够最大限度地激发学生的学习兴趣，落实他们的学习主体地位，最大意义上激活他们的思维.总之，只有设置有意义、指向明确、有坡度（深度和广度）的数学课堂问题，才能够真正提高教学效果.

初中数学课堂问题设置的原则及策略研究

一、初中数学课堂问题设置的原则

数学教师基于教学双边关系设置数学问题，问题的设置须遵循以下原则：

（一）数学课堂问题设置的指向性要强

初中数学课堂问题设置要紧扣中小学数学课程标准，为学生提供明确的指向性.数学课堂提问要尽量杜绝是非问与填空问，要努力提升学生的思维效率，构建高效的数学课堂.数学教师只有设置合理的数学问题，才能够引导学生参与到课堂教学互动中来，才能够通过合理的互动解答教师所设置的问题，从而通过过程性目标的实现来达到解决问题的教学目的.

（二）数学课堂问题设置的层次性要强

这里所指的层次性既包含问题设置的层次性也包含学生的层次性.数学教师设置课堂问题时要从学生的实际出发，合理设置问题，启发学生思考，帮助学生顺利解决问题.换句话说，学生在学习过程中表现出的学习水平是有差异的，所以设置数学课堂问题时要根据实际学情设置坡度，兼顾学生学习水平的差异，从而提升整体教学效率.

（三）数学课堂问题设置要具有启迪性

初中数学课堂问题设置在指向性明确的基础上，还需要搭建思维的脚手架，给予学生足够的思维空间，引导学生完成问题的解答.也就是说，数学问题设置要注意启迪性原则，引导学生展开探究，提升思维品质.

（四）数学课堂问题设置要具有科学性

数学问题设置的科学性，是指数学课堂提问的内容及表述的难易要适度，要能够准确反映数学本质规律，让大部分学生经过思考可以尝试回答并需要进一步完善.教师对难度比较大的问题需要设置坡度，设计相关的小问题作台阶，让学生经历一个思考、分析到解答的过程.

（五）数学课堂问题设置的语句表述要简洁

数学课堂问题设置的语句表述要言简意赅，让学生容易“听懂”数学问题并及时思考如何解决数学问题. 否则，学生很难当堂快速找到问题研究的目的与方向，这样容易造成数学课堂教学效率低下.

（六）数学课堂问题设置要注意课堂教学资源的生成

教师备课时预设再完美，实际教学过程中都会有“意外”发生. 教师要注意课堂再生资源的捕捉与二次开发，当堂设置恰当的数学问题来回应学生，完成“意外”资源的运用，激发学生思考问题的积极性与主动性，提升课堂教学效果.

二、初中数学课堂问题设置的策略

学起于思，思起于疑.数学课堂上问题设置精巧，可以训练学生的思维品质，构建高效的数学课堂.数学课堂问题设置要基于教学内容、教学对象等的差异，灵活选取教学策略，创设数学问题情境，开展有效教学.

（一）基于新旧知识的关联来设置数学问题

教材编写者在设计小学、初中、高中各板块数学知识时是遵循思维的螺旋式上升的认知方式编写教材的，所以很多新知课的教学其实是在帮助学生完善认知结构.如果教师授课时能够注意新旧知识的关联度，设计教学预设时做个“有心人”，那么能够更好地帮助学生掌握新课新知，循序渐进地引导学生进入课堂学习的新境界.下面以上海教育出版社版初中数学教材八年级下册第二十一章《平行四边形的判定》第一课时的教学片段为例加以说明.

案例1 《平行四边形的判定》第一课时教学片段

师：前面我们学习了平行四边形的性质定理，共计4个，同学们能用文字描述这些定理吗？平行四边形的对边有什么数量与位置关系？

生1：平行四边形对边平行且相等.

师：平行四边形的对角有什么数量关系？

生2：平行四边形对角相等.

师：平行四边形的对角线相交于一点，这一点对于两条对角线来说，有什么性质定理？

生3：平行四边形对角线互相平分，并且平行四边形是中心对称图形，两条对角线的交点就是对称中心.

师：同学们课前完成了“学案”上“课前延伸”部分，大部分同学都发现了四边形$ABCD$是平行四边形，并且根据平行四边形的定义，我们知道两组对边分别平行的四边形是平行四边形，这是我们判断一个四边形是平行四边形的原始依据.那么根据图形，你能否分别用一句话概括符合什么条件的四边形才是平行四边形吗？

生4：如果一个四边形有两组对边分别相等，那么这个四边形是平行四边形.

生5：对角线互相平分的四边形是平行四边形.

师：很好，还有呢？

生6：两组对角分别相等的四边形是平行四边形.

师：现在我们得到了三个命题，怎样才能说明它们是真命题呢？

生7：证明.

师：证明之前，我们要做些什么准备工作？

生7：(很积极地举手）根据命题画出图形，写出已知和求证.

师：(很高兴）很好.下面同学们把证明过程写下来，请一位同学到黑板上板演第一个命题的证明过程.

学生开始做题，教师巡视.

教师设计问题时，注意到新旧知识间的联系，恰当地使用了预习学习单，而且设计的问题也考虑到了学生的认知水平和能力水平，为学生顺利进入平行四边形判定定理的探究搭建了合理的脚手架，使学生的探究活动拾级而上. 课前练习引导学生先对平行四边形判定形成感性认识，教学过程中设计指向性明确的问题引导学生发现平行四边形的判定定理，再从理论上加以证明，最后学生对于学习的新知识不再抗拒，而是逐步进入学习的情境之中.

（二）基于数学知识与实际生活的关联来设置数学问题

教师如果能够深刻理解所教数学知识与实际生活中的关联，那么设置数学问题可以最大限度地提升学生对于数学知识的理解.下面以上海教育出版社版初中数学教材六年级上册第二章《分数》第一课时的教学片段为例加以说明.

案例2　《分数》第一课时教学片段

教师先拿出一包糖（未告诉同学们有几颗）.

师：你们能用图来表示这包糖吗?

生：我用长方形表示一包糖，平均分成2份，其中一份（阴影部分）就是这包糖的$\frac{1}{2}$，如图1.

师：如果这包糖里面有8颗糖，那么如何表示这8颗糖?

生1：我把8颗糖平均分成2份，其中4颗糖涂色，见图2.

图1

图2

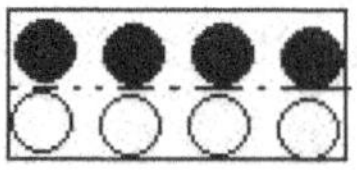

图3

生2：我在生1画的8个圆圈外面加了个方框，这样就把这8颗糖看成一个整体，如图3.

师：我们大家来看看这位同学说得是否有道理.

学生思考一会儿后，教师在图2和图3的边上分别加了一个圆圈，如图4.

图4

学生恍然大悟：方框把8颗糖圈在一起看成一个整体，起到了隔离的作用.教师立即板书“一个整体”.

师：那么现在假如这包糖有12颗，你还能表示出这一包糖吗?

生1：我把12颗糖平均分成2份，其中6颗涂色，如图5.

生2：我是这样表示的，如图6.

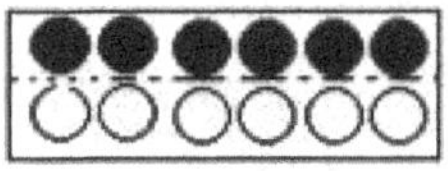

图5

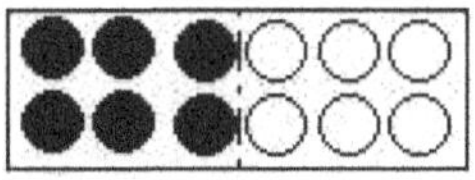

图6

师：如果这包糖里面有100颗，我们又该如何表示?

生1：我用一个长方形表示100颗，其中50颗画阴影表示，如图7.

生2：我是这样表示的，如图8.

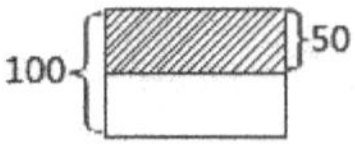

图7

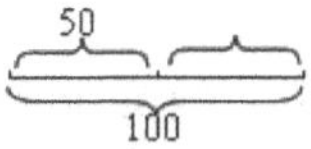

图8

师：老师很纳闷，为什么每次表示方法都不一样?

生1：因为总数8颗、12颗、100颗不一样.

师：如果这包糖里面有很多颗的话，你知道如何表示它吗?

生2：就跟刚开始一样，用长方形表示很多糖，平均分成2份，其中一份（阴影部分）就是这包糖的$\frac{1}{2}$，如图9.

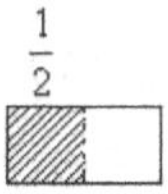

图9

师：阴影部分表示这包糖的一半，空白部分也表示这包糖的一半，那么$\frac{1}{2}+\frac{1}{2}=1$.这个1和1支笔的1一样吗?

生：1支笔的1是一个具体的数量，刚才我们说的“1”是“一个整体”，可能表示很多物体.

师：你们理解得很对，我们把这个1加个双引号，这就是分数里面的单位“1”.

苏联教育家赞可夫说："教学方法一旦触及学生的情绪和意志领域，触及学生的心理需要，这种教学就会变得高度有效，可以激发学生的学习兴趣，培养他们的探究能力."学生认识事物是由易到难，由浅入深循序渐进的.虽然在前面的学习中学生对分数有了初步的认识，但要使学生真正理解分数单位"1"的内涵还是有一定难度的，其主要原因是单位"1"不是个常量而是个变量.前面学生接触的"1"一般来说指的是一个物体，而分数中的单位"1"并不单纯指一个物体，而是指一个整体，可以是1个，也可以是2个，甚至是无数个.教师恰当地设计了数学问题，逐步帮学生理解了分数里面的单位"1"为一个整体.

可以说，这样的教学才是教师根据教学素材不同而恰当选取教学方法的典范，更加清晰地诠释了何为"教无定法"，充分说明了数学课堂问题设置原则的重要性.

（三）基于学生的最近发展区来设置数学问题

在整体预设某个环节的教学活动时，教师可以基于学生的最近发展区来设置数学问题，将学生的注意力引到数学课堂学习中来，并且提出的问题指向性明确，容易让学生理解，充分落实学生的主体地位.下面以上海教育出版社版初中数学教材九年级上册第二十四章《相似三角形》第一课时的教学片段为例加以说明.

案例3　《相似形三角形》第一课时教学片段

教师通过多媒体出示各组相似图片，并分别介绍各组图（略）.

师：同学们，你能看出上面各组图片的共同之处吗？把你的想法说给同桌听听.

学生观察、体会、思考，初步感知相似图形的本质属性.

师：由上面的例子，我们发现日常生活中有许多形状相同而大小不一定相同的图形，我们把这种形状相同的图形称为相似图形.同学们还能说出哪些相似图形？

生1：大小不同的两个足球，大小不同的两个等腰直角三角形.

生2：大小不同的两个六边形，大小不同的两个圆.

生3：两个正方体，款式相同的两个茶杯……

师：（领首微笑）同学们对生活中的图形观察得真仔细!相似图形可以是两个平面图形，也可以是两个立体图形，那么两个相似图形的大小有怎样的关系呢?

生1：（自信地）大小不同.

生2：大小可以相同.

教师征求其他同学意见后继续提问.

生3：两个相似图形的大小可以相同，也可以不同.

师：你们回答得很好！形状相同是相似图形的本质属性，两个物体形状相同、大小相同它们就是全等的，全等是相似的一种特殊情况.

教师画一个图形放在投影仪上并映射到屏幕上.

师：我们说如果两个图形相似，那么其中一个图形可以看作由另一个图形放大或缩小得到.

师：下面，我们再来看一幅画：五星红旗上的大五角星和小五角星是相似图形吗?四颗小五角星之间又是怎样的关系呢?

生4：都是相似的.

教师基于学生的最近发展区设置恰当的问题，引导学生观察和欣赏生活中形状相同的图形，初步感受相似图形，并对学生进行美育渗透，同时设计指向性明确的问题，引导学生列举生活中的相似图形，讨论并归纳两个相似图形之间的关系.这样的教学让学生自己观察，进行分析、探究，得出结论，培养了学生的观察能力，激发了求知欲与融入数学课堂的兴趣，真正让学生成为数学课堂学习的主人.

（四）基于做中学的理念来设置数学问题

教师设计恰当的问题，引导学生在做中学，促使学生通过构建的方式获得数学知识，最大限度地落实他们的主体地位，激发他们的学习兴趣，提高他们发现问题、研究问题和解决问题的能力，从而改变重视知识和结论运用、轻视过程性学习的学习方式.下面以上海教育出版社版初中数学教材九年级第二十五章第三节《解直角三角形》第一课时的教学片段为例加以说明.

案例4 《解直角三角形》第一课时教学片段

师：同学们已经知道了，在直角三角形中，三边之间存在勾股定理，两个锐角互余，现在学习了锐角三角函数又把直角三角形中的边和角联系起来了.

问题1：直角三角形中除直角外，还有三边和两个锐角共5个元素，我们最少需要知道几个条件才能够求出其余元素？已知的元素又有什么限制性条件？

生1：由已知元素求其他元素，除直角外还要3个已知元素.

生2：我认为要2个已知元素.

教师揭示课题，板书解直角三角形的概念.

师：其实这个知识点不是一个新知识，只要把我们前面学习的知识整合一下就可以了.下面请同学们阅读课本上的内容，然后完成下面的练习题，相信大家一定可以的！

学生阅读自学，教师行间指点.

教师打开幻灯片上的两道题目：

（1）Rt$\triangle ABC$中，$\angle C=90^\circ$，$a=2$，$\angle A=30^\circ$，解这个直角三角形.

（2）Rt$\triangle ABC$中，$\angle C=90^\circ$，$a=2$，$\angle B=45^\circ$，解这个直角三角形.

师：通过刚才的阅读自学，我们请两位同学上来板书，其他同学在下面练习，然后比对答案.

教师深入小组，重点关注：①学生有没有理解解直角三角形的含义；②学生解题的格式对不对；③学生对原始元素的利用情况如何；④不同学生之间的答案可能不一样，学生在活动中发表个人见解的勇气如何.

师：好了，黑板上的两位同学已经做完了，下面的同学我看也基本做完了，大家对黑板上的答案有不同的看法吗？

生3：我们的答案不一样，我觉得我没错，但他们好像也没错，不知道什么原因.

师：其他同学有这种感觉吗？和黑板上的答案一样的同学请举手（大部分），和刚才这位同学的答案一样的请举手（小部分）.

师：（颌首微笑）其实他们都没错，只是他们的答案形式不一，其结果实质上是一样的，不过我觉得这一小部分同学的结果更好一些！你们知道为什么吗？

学生激烈讨论，气氛很浓.

生4：我发现了，他答案里的数据是题目中已知条件给出的.

生5：解直角三角形的时候，最好用原始数据，而尽量不用或少用中间求得的数据，以避免由于中间量求错而导致连环出错，同时也能减少误差.

生6：解题时最好用序号标出已知元素和要求的未知元素，并且尽量先求简单的元素.

师：同学们，现在我们请四个小组的同学各做一件事：归纳解直角三角形的方法和步骤.（出示幻灯片）

师：同学们归纳得很好，那么大家继续根据下列已知条件画出符合题意的直角三角形.

4个小组分别按要求画一组图形，然后周围的同学把画的三角形裁下来比较对照.

小组合作探究题：

（1）画一个直角三角形，使两条直角边长为3和4.

（2）画一个直角三角形，一条直角边长为3，一个锐角为35°.

（3）画一个直角三角形，斜边为8，一个锐角为40°.

（4）画一个直角三角形，使两个锐角为30°和60°.

师：大多数同学做好了，你们比较对照的结果是什么？我请各小组各出一个代表说说你们的结果.

生7：我们这组画的三角形都是全等三角形.

生8：我们这组画的三角形大小不一致，也是相似的直角三角形，符合题意，但是直角三角形的大小不能固定.

师：嗯，不错，你觉得给出什么样的条件可以画出一个确定的三角形？你觉得确定一个直角三角形需要的元素有什么条件？

生9：两条边.

生10：一条直角边一个锐角.

生11：一条斜边一个锐角.

生12：两个锐角画不出形状大小都固定的直角三角形，画出来的三角形都是相似三角形.

根据布鲁姆的掌握学习理论中的两个关键：一是课堂上教师讲授的与每个目标相关的材料和方式应适合大多数学生，二是根据教学目标设计的各项活动应能调动大多数学生积极参与.所以教师要在教学预设过程中设计有层次的数学问题，帮助学生积极主动地参与课堂互动学习过程.即基于“在做中学”的理念，首先设计一组问题引导学生在合作探究的氛围中理解“解直角三角形的概念”，以及解直角三角形需要注意哪些细节等，其次为学生设计一个根据已知条件画直角三角形的活动，最后通过两个问题帮助学生辨析“什么条件可以画出一个确定的直角三角形”，进而理解“解一个直角三角形的前提条件是什么”，从而高效地帮助学生突破学习疑难点.

皮亚杰认知发展理论认为，真正的课堂学习是学生主动的、自主学习.教师设置的问题要从学生的实际出发，合理设置问题，帮助学生增加思考的阶梯，即做到无梯时架梯、有梯时增加梯子的密度.问题由浅入深、坡度逐步减小，才能够启发学生，帮助学生解决问题，帮助他们真正成为数学课堂学习的主人.

初中数学结课行为的实践研究

初中数学课堂结课又称数学课堂（课时）总结，即在某一课时即将结束时，教师引导学生以尽可能简洁而又精练的数学语言，对本课时所学数学知识和技能进行归纳、总结的一种教学行为.

笔者认为，初中数学课堂结课活动是针对一课时教学内容的总结，亦是完善教学过程、落实数学课程标准的有效载体之一.教师要因新知课、复习课与习题讲评课等课型不同恰当地选取课堂结课的方式，帮助学生归纳总结一课时所学知识与技能、思想与方法，积累数学活动经验.

一、浦东新区公开课课堂结课的行动研究

当前上海市浦东新区区级公开课包括职初教师的汇报课、职称评选课、骨干教师的示范课及针对某一教学难点的突破而开展的研讨课等.

近几年，笔者作为浦东新区九年级数学教师，参与了126节区级公开课.基于听课笔记，笔者针对区级公开课的结课行为展开研究，发现教师课堂结课的精彩程度与该教师教学经验的积累和教学素养密切相关.如表1展示了青年教师、普通教师与骨干教师课堂结课行为的共性与差异.

表1 青年教师、普通教师与骨干教师课堂结课行为的共性与差异

	共性	差异
青年教师（45人）	结课方法单调，表现为：课堂结尾时只是宣读一遍板书各纲目的标题或复述一遍所讲内容，如“今天我们学了……”，“这节课我们讲了……”，这种课堂小结较为常见	结课意识淡薄，对教学内容的回顾不够，没有较好地帮助学生积累学习经验，与教学视野有关

续 表

	共 性	差 异
普通教师（10人）	结课方法单调，表现为：课堂结尾时只是宣读一遍板书各纲目的标题或复述一遍所讲内容，如“今天我们学了……”“这节课我们讲了……”，这种课堂小结较为常见	只进行数学知识的总结，不重视数学方法、思想的归纳，与教学素养有关
骨干教师（71人）		一般能够根据教学内容及课型的差异，选取合理的结课方式，努力践行课程标准，培养学生的“四基”与“两能”

该调研结果清晰地反映了教师的专业化发展意愿，即青年教师基于评职称的需要开设区级公开课，骨干教师基于浦东新区每年度评价考核的需要开设公开课；该表格还清晰地反映了课堂结课行为与教师教学经验积累及教学素养有一定的关系.

特级教师裴光亚说过，“在数学家保持沉默的地方，在数学理论家灰色领地的背后，还存在一个广阔的空间——数学教学研究，供广大数学教师进行发展.”即教学过程是一种基于学科和学生的生成资源而提出问题、解决问题的持续不断的活动.每堂课各环节之间是密不可分的，所以结课行为的成功与否直接关系到整堂课的连贯性，关系学生“四基”与“两能”的养成.

笔者在课题实施过程中，基于一次区级教研活动，针对数学教师对于课堂结课的态度与教学预设进行了一次问卷调查.调查结果如表2、表3所示，其中调研人数为117人.

表2　数学教师对课堂结课的态度

态度	人数	比例
很重要	34	29%
重要	55	47%
一般	28	24%

从表2可以发现，76%的教师认为“重要”或者“很重要”，24%的教师认为“一般”，这说明很多教师已经能够接受二期课改理念，注重通过结课来帮助学生完善数学认知结构.

表3　数学教师对课堂结课预设的重视程度

重视程度	人数	比例
重视	12	10.3%

续 表

重视程度	人数	比例
一般	46	39.3%
不重视	59	50.4%

从表3可以发现，重视数学课堂结课行为的教师只占10.3%，而不重视数学课堂结课行为的教师却占50.4%，所以加强数学课堂结课行为的研究与引导势在必行.

二、数学教师要注意课堂结课行为的研究价值

对于上课师生来说，数学课堂结课是师生互动的重要环节之一；对于听课教师来说，可以借助数学课堂结课针对该课时教学展开评价，以检测授课教师教案中所设置教学目标的达成度.

授课教师通过结课的教学行为，可以引导学生对教学内容进行梳理、归纳，总结、理清本课时的知识脉络，促进学生对本课时知识进行拓展、延伸和迁移，积累活动经验，从而激发学生的求知欲，提高他们提出问题、分析问题和总结问题的能力.

授课教师课后针对结课教学过程的反思，尤其是对本课时教学内容的课堂生成资源展开反思，可以进一步检测自己教学目标设置得是否合理，是否需要改进某个教学环节等.

恰当的数学结课行为可以帮助师生达到教研相长的功效.譬如新知课的数学结课行为，可以促进学生对于本课时数学知识的理解由具体经验的水平过渡到抽象概括的水平.即教师不仅要引导学生注重结论的概括，更要引导学生回味知识的学习过程，这样才能使数学知识建构有序，才能明确其适用情境和来龙去脉，才能使本课时数学知识得到迁移.譬如复习课的数学结课行为，授课教师可以借助例题、习题巩固“四基”的同时，引导学生完成某一单元数学学习内容的梳理、问题解决策略的总结与思想方法的归纳.譬如习题课的数学结课行为，授课教师可以引导学生抓住具有共性的问题，有针对性地对知识内容、问题策略和思想方法进行归纳.

三、数学课堂结课行为的典型案例

数学结课的方式要因教学内容而定，下面以浦东新区区级教研活动中涌现出的新知课、复习课各一例，谈谈对结课行为的理解.

案例1 《相似三角形的性质2》结课教学片段

授课教师的教学设计流程为：通过对相似三角形周长比、面积比问题的探究，突出“审题→画图→提出问题→解决问题”的数学建模过程，帮助学生构建相似三角形的周长比与面积比的性质的形成过程，进而借助两个例题帮助学生巩固相似三角形的性质，加深学生对相似三角形性质的理解.

师：请同学们说说你在本节课中有哪些收获？还有哪些困惑？

生1：我掌握了相似三角形的性质，相似三角形的周长比等于相似比，相似三角形的面积比等于相似比的平方.

生2：我还学会了根据相似三角形的性质解决与周长比与面积比有关的计算问题.

师：相似三角形的性质还有什么？

生3：相似三角形性质1：相似三角形的对应角相等、对应边成比例.

师：运用相似三角形的性质来解决与周长、面积有关的数学问题时应该注意哪些要素呢？

生4：如果题目所给的图形中能找到相似三角形的已知条件，那么直接运用相似三角形的性质来解题.

师：如果题目所给图形中找不到相似三角形的已知条件，那么如何求解某个三角形的周长或者面积呢？

生5：根据相似三角形的判定定理证明两个三角形相似，然后运用相似三角形的性质来解题.

师：同学们对于本课时所学知识总结得很好，那么涉及的数学思想主要有哪些？

生6：有转化思想、由特殊到一般的思想.

教师归纳，通过幻灯片展示课堂结题的小结内容.

这种数学课堂结尾方式可以称之为概括总结式，也是新知课教学时最典型的数学课堂结尾方式，一般由教师与学生共同完成，遵循了以学生为主体、教师为主导的教学主线. 其具体流程为：教师先提出问题，然后以同桌或小组为单位进行学习心得的交流，再请几个学生发言阐述，最后由教师加以概括. 教师应概括教学内容，强调重难点，指明关键点并提出要求，这样既可促使学生加深对所学知识的理解和记忆，又可培养其综合、概括能力.

案例2　《锐角三角比》章节复习课结课教学片段

授课教师是一位区级学科带头人，其教学设计流程为：以学案为载体，引导学生先学后教，通过8道例题来串联锐角三角比的知识线，例1与例2利用网格图形背景，引导学生运用锐角三角比的定义与特殊锐角三角比来解决问题；例3、例4、例5引导学生运用解直角三角形知识来解直角三角形，以及借助等腰三角形、平行四边形及矩形图形来考查学生对解直角三角形的掌握程度；例6、例7、例8借助仰俯角、坡比问题考查学生在实际背景下提炼抽象数学模型、分析问题，进而解决问题的能力，题型覆盖全面，摆脱了以往先复习知识、后讲解例题的复习模式.

师：通过本课时8道例题的研究，对《锐角三角比》章节的知识点能否做出梳理？

生1：我掌握了如何在直角三角形中定义锐角的三角比，并且根据特殊锐角求解该锐角的三角比，以及根据特殊锐角三角比的值确定锐角的大小.

生2：我学会了根据直角三角形边角元素之间的关系解直角三角形.

师：在直角三角形中，知道直角外的任意两个元素，是否可以解直角三角形？

生3：两个锐角不能解直角三角形.

师：如果题目所给图形不是直角三角形，如何运用解直角三角形相关知识解题？

生4：如果题目所给的图形不是直角三角形，可以通过添加垂线的方式构造直角三角形来解决问题.

师：如果题目中具有实际背景，如仰俯角、方向角和坡比问题，能否顺利解决问题？

生5：可以将其转化为数学模型后借助解直角三角形知识来解决问题.

师：解直角三角形及其应用的例题解决过程中运用了哪些数学思想？

生6：建模思想和方程思想.

师：同学们对于本课时所学知识总结得很好，在解题时要正确标注仰角、俯角及方向角的位置和大小.非直角三角形可以转化为直角三角形，即作高线可以把锐角三角形或钝角三角形转化为两个直角三角形，作高线可以把平行四边形、梯形转化为含直角三角形的图形，连接对角线可以把矩形、菱形和正方形转化为含直角三角形的图形，连线割补可以把不规则四边形转化为含直角三角形的图形.（如图1）

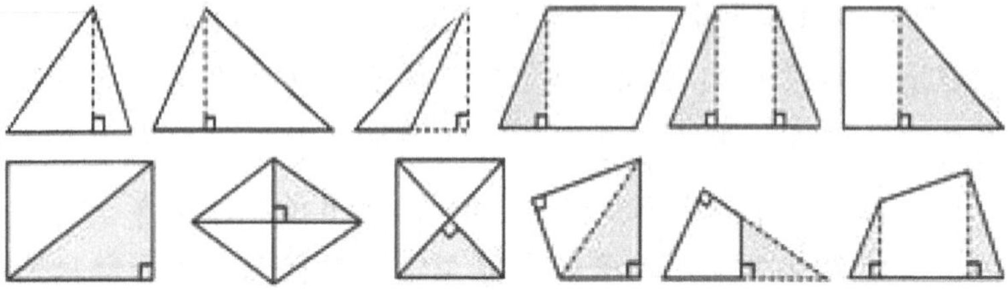

图1

这种数学课堂结尾方式兼具框图式与提炼升华式的特征，在复习课教学时比较实用.所谓框图式结尾，是指利用框图将章节内各知识点的关系展示出来，以帮助学生理清章节所学知识的层次结构，掌握其外在形式和内在联系，形成知识系列，建立起知识结构框架.所谓提炼升华式结尾，是指在数学问题的解决过程中，引导学生发现问题解决的要素是什么，从而引导学生提炼问题解决的一般模式.在数学教学中，一个概念的形成、一条规律的发现、一个问题的解决，无不包含着数学的方法论因素，这些方法一旦被学生所掌握，他们的数学学习能力就会从本质上得到提高.总之，这种师生互动合理的结尾方式，既进行了知识的归纳，又进行了数学思想方法的总结.

四、数学课堂结课行为需要遵循的三个原则

在课堂教学结束前5分钟，学生精力开始减弱，身心开始疲劳，记忆力

开始下降.心理学的后摄效应理论指出，如果能够有效驾驭课堂最后5分钟，尤其是做好课堂结尾活动，会给学生留下更加深刻的印象.数学教师要严谨设计课堂结尾的教学行为，争取数学课堂教学效益的最大化，需要遵循如下原则：

（一）数学课堂结课的目标要与教学目标一致

数学课堂结尾是为实现教学目标服务的，需要更好地呼应教学目标.数学课堂教学三维目标的达成与课堂结尾密切相关，即可以借助课堂结尾活动来内化知识与能力，领悟过程与方法，培养情感、态度与价值观.

（二）数学课堂结课要引导学生驾驭课时教学内容

数学课堂结尾不能由教师包办代替，要立足于引导学生参与，展现学生获取知识的思维过程，把问题留给学生.通过学生与教师的共同讨论，逐步培养学生提出与解决问题的能力、归纳与总结知识的能力，引导学生学会驾驭课时教学内容.

（三）数学课堂结课要有针对性

数学课堂结尾必须针对教学内容和学生特点恰当地设置结尾方式，务必具有针对性.即要抓住教材的重点、难点、关键点进行课时小结，揭示课时数学知识的本质，使学生进一步巩固所学知识，提高综合运用知识的能力.在课堂结尾的过程中，教师要教给学生学习与探究的方法，引导学生逐步归纳总结本课时渗透的数学思想，对于易错的概念、法则、公式要选取灵活的方式帮助学生内化吸收.

明代学者谢榛说："结句当如撞钟，清音有余."结课是课堂教学的最后一个环节，作为一节课的缩影，综合了反思、评价等教学功能.教师应用精炼的语言，提纲挈领地概括出本堂课的学习内容和知识要点、解题技巧和思想方法、新旧知识之间的联系等，完善学生的认知结构，落实教学目标，提升教学艺术，提高教学效果.

初中数学讲评课教学的常见误区及对策研究

部分中学教师对新授课、习题课、复习课等课型比较重视，但对数学作业或试卷的讲评课略有忽视.其实，数学讲评课是提高数学教学质量的一种重要课型，其目的在于纠正错误、规范解答、熟练技巧、开阔思路、提高能力.

一、数学讲评课教学的常见误区

（一）讲评试卷内容的三种方案及弊端

方案1：把答案贴在墙上或在课堂黑板上直接公布试卷答案.这种只公布答案不讲评的方案，其弊端是有些学生不能及时纠正错误，没有强化解题方法，很难提高学习效果.

方案2：从测试卷的第一题开始，一讲到底，题题不放过，往往要几课时才讲完.这种方案的弊端是浪费教学时间，学生容易产生厌烦心理，教学收益甚微.

方案3：根据测试情况，有所侧重，得分率较高的试题不讲，得分率较低的试题重点讲评.这种方案的弊端是未能体现以学生为主体.

（二）布置配套练习的三种形式及弊端

形式1：不布置作业.弊端在于学生难以达到强化、巩固之效果.

形式2：将试卷全部重做一遍.弊端在于浪费时间，增加学生负担，学习效果欠佳.

形式3：错题在作业本上重做一遍.弊端在于学生难以达到拓展提高的目的.

二、学生问卷调查结果及获得的启示

为了探索适合实际的数学讲评课教学模式，笔者进行了600余份问卷调查，现归纳为如下四个问题：

问题1：你认为在数学讲评课上收获不大的主要原因是什么？

答：教师讲课不分轻重，面面俱到.有些问题我们可以做到自行解决，甚至有些问题刚考完就已经发现并解决了，而且大多数问题同学之间相互讨论可以解决，只有个别难度较大的题目需要在讲评课上弄明白.当然，还有些题目虽然做对了，但还是特别想了解有没有其他更简洁、更巧妙的解法.

启示：数学讲评课绝不能面面俱到，眉毛胡子一把抓，教师要通过阅卷和访问学生，弄清楚学生存在的最突出、最主要和最想知道的问题，然后有针对性和侧重性地在数学讲评课上进行纠错解疑、查漏补缺.这就要求教师“会通法，但不一定用通法”“要懂模式，但不要模式化”.

问题2：你对老师经常斥责学生“这个问题都讲过好几遍了，为什么到现在还不会!”有什么看法？

答：有两种可能：一是“不知道”问题，往往是因为学生基础知识掌握得不扎实，这种问题经教师讲评或同学讨论或自己看书可以解决，以后再遇到时可以做到不失误或尽量少失误；二是“想不到”问题，一些灵活性较强的问题经老师讲解好像懂了（假理解），但今后遇到同样或类似的问题还是不会做或出现错误.

启示：数学讲评课应特别重视“想不到”问题的处理，要克服“一听就会，一做就错”的局面，要使学生真正理解和掌握就应当精讲，让学生多自悟、多讨论，不仅要讲推理，更要讲思路（即要告诉学生是怎样想到的），坚决杜绝“就题论题”的做法.

问题3：对一个较难的问题或解题过程中的岔路口（关键之处），你希望通过老师讲解还是自行思考、讨论而获得解决？

答：最希望老师把问题摆出来，让我们自己独立思考或通过同学间的相互讨论而获得解决，因为这样做可以加深理解，不易忘记.

启示：数学讲评课应以学生为主体，将学生“自行发现问题—自行讨论分析—自行纠错—自行归纳总结—自行解决问题”这条主线贯穿讲评课的始终.教师是组织者、引导者、参与者、参谋者，即要多一点“启发式”教育，少一点“填鸭式”教育.

问题4：你认为问题讲评过后还需要采取什么巩固措施?

答：某个问题出错，可能与对该题涉及的基础知识掌握不扎实或能力达不到有关，也可能这个问题当时懂了，但是换个角度还是不会或出错，教师应当围绕该问题给出一些变式练习，以求巩固.

启示：数学讲评课上就有关问题研讨处理之后，教师要针对该题所涉及的有关知识内容、技巧、技能、方法、思想，多角度、全方位地精心编制几组变式习题进行强化练习，使学生加深对该问题的理解和掌握，给学生提供进一步实践、总结和反思的机会.

三、数学讲评课教学应遵循的五个基本原则

数学测试后，教学常规环节之一是评价环节.讲评课能使学生做到纠正错误、弥补缺陷，提高分析问题和解决问题的能力.所以，教师要上好数学讲评课，提高教学效果，应遵循以下五个原则：

（一）准确及时原则

数学测试是学生独立思考最强的数学实践，在此过程中，学生有很多解题的念头和想法，即使是试卷上做错了甚至没有做的题目，学生也曾有过若干思维的火花，这些思维的火花若不及时交流就会熄灭.因此，测试后教师应做到及时反馈，及时讲评.

（二）激励性原则

心理学研究表明，学生的学习心理动机常表现为希望得到好的分数，不能落后于同伴，希望经常受到教师的赞扬等.数学讲评课要将表扬激励贯穿整个讲评课始终.例如，宣读最高成绩，要激励其他学生找差距；表扬成绩提高幅度较大的学生，特别是原来基础较差的学生，从试卷中捕捉其闪光点，对他们在卷面上反映出的点滴进步加以肯定，以期他们下一阶段的学习有新的突破.

（三）典型性原则

课堂上讲评、分析的题目必须有所选择，需要讲评的试题应遵循典型性原则.即教师要选择与本单元的基础知识、基本技能和教学方法有直接关系的题目，选择学生卷面上有独到见解的题目，或选择出错较多的题目等来进行讲评.

（四）自主性原则

数学讲评课应是师生交流、生生交流的群言堂，要给学生表述自己思维过程的机会，增加教师与学生、学生与学生讨论问题的时间.通过积极主动参与，整个讲评过程学生情绪亢奋，容易接受大量的相关知识及解题的信息，从而提高解题能力.

（五）系统结构原则

数学教学的根本任务在于发展学生的认知结构，而数学认知结构是由数学知识结构转化而来的.因此，评讲时应将分散于各题中的知识点和数学思想方法适当归类评价，形成认知和方法的系统结构.特别是典型试题，要注意思路形成的过程，通过猜想、类比归纳等方法，提出问题的概略和解决方案，突出思路的探索过程，在失败到成功的过程中，暴露学生的自然思维过程，逐步形成解题的思考模式.

四、数学讲评课教学的基本模式

为最大限度地提高教学质量，借鉴同行们值得学习的优点，笔者在老港中学数学教研组推广了“四个目的，五个环节”讲评课的教学模式.具体做法如下：

(一)明确数学讲评课要达到的四个教学目的

纠正错误——纠正学生答题中的各种错误，掌握正确解法；
分析得失——通过试卷讲评引导学生学会学习、学会考试；
找出差距——让学生认识自身学习实际与学习能力的差距；

提炼概括——对知识、方法做进一步的归纳，站到数学思想的高度认识所学内容.

(二)注重数学讲评课的五个基本环节

1.精心准备环节.

认真评阅试卷并做好以下四项：一是对学生得失分情况进行统计、汇总，确定讲评重点；二是将试卷提前发给学生，要求学生初步订正错题，对学生错误较为集中的题目进行分析，找出错误根源，制订纠错的具体措施；三是对学生试卷中某个题目的好的解法进行整理，以促进全班同学共同提高；四是分析学生对相关知识和方法的掌握情况，制订补救措施，设计好针对性的训练题.

2.概述测试成绩环节.

讲评课开始，用3~5分钟时间概述测试后成绩情况，简述测试的平均分、及格率、优秀率、低分率和达标率；表扬达到目标分、超出目标分的学生，以及获得最高分的学生，还要特别表扬达到目标分、超出目标分的学困生；切忌责难、讥笑成绩差的学生，应多鼓励帮助他们，让他们奋力直追.

3.讲解试题环节.

重点讲评若干问题，应做到“突出重点，突破难点，加强思路分析，讲究对症下药”.具体来讲，启发性强的题目应重点讲评，学生错误集中的试题要分析错误类型，进行思路启发.

4.课堂小结环节.

回顾小结，概括本节课主要内容，归纳解题方法，强调注意问题.

5.巩固、反馈环节.

一堂讲评课的结束，并不是试卷评讲的终结，教师应布置一定量的针对性作业.作业可由测试题通过“一题多变”“一题多拓”或典型错误题的改编产生.讲评课后布置课外作业有利于学生巩固知识，提高解题能力，反馈教学信息.同时，还应要求学生课后完成如下工作：在专用“错题集”上订正错题，整理出具体的解题过程，做到“一题多解”，充分体会、消化，强化解题后的反思.

上好一节讲评课，要注意处理好教师的主导作用与学生的主体关系，注意学生学法指导，要精讲精练，突出重点难点，注意形式多样化，调动学习兴趣，使试卷讲评课真正起到纠正错误、巩固知识、拓宽思路、提高能力的目的．总之，讲评课是一种提高教学质量的好课型，是新授课、复习课的有益补充．

数学优化学习录像课之讲题的策略研究

笔者参加了上海市优化学习数学视频课程的录制工作.录像课是讲座性质的，没有学生参与互动，所以如何确保学生能够高效地掌握讲座内容是摆在所有参与教师面前的一道难题.为了提升讲座质量，在录制前期的准备过程中一项最重要的工作就是：任何一位教师的讲座，在正式录制前必须将教学内容面对导师及组内其他教师进行试讲，先由组内其他教师进行点评，导师再基于二期课改的新理念和组内其他教师的点评进行再点评，以达到最佳讲课效果.本文拟针对例题讲解的实践过程进行思辨，即从讲题的意义是什么、讲题讲什么、如何讲等三个方面梳理.

一、数学讲题的意义

在讲座实施过程中，特级教师翁昌来先生经常挂在嘴边的一句话就是："你要为说过的每一句话负责，你所说的每一句话要接受全上海所有专家和家长的监督."所以，讲座实施前的准备工作，即讲题的研修实践凸显了数学讲题的重要意义.通过研修实践过程可以发现，参与的教师要因题施教，相机诱导.通过讲题活动，教会学生分析问题，培养学生的创新意识，引导学生逐步学会捕捉题眼，提高问题解决的能力，最终达到提升探究能力的目的.

二、数学讲题讲什么

张景中院士认为，最糟糕的教学就是让学生在学习一个公式后做几十个类似的题目.数学教学的改革也不能只着眼于讲什么、不讲什么，先讲什么、后讲什么，教师应该下功夫研究在课本之外有没有与众不同的、更好的表达方式，不但要教学生算，更要教学生想.

市级专家讲座中的讲题显现出一种专业引领，即每一道例题都给教师呈现出一种思维的启迪，应该怎样讲，为什么这样讲，这样讲的依据是什么.基于提升问题解决能力的讲题，针对学生教师要讲清楚以下三点：

（1）与本题有关的知识结构是什么，涉及哪些基础概念和思想方法；

（2）如何获取解决本题的思路，是基于已知条件的综合法，还是基于结论的分析法；

（3）本问题的解决能否达到“少教多学”的目的，如何将解题的经验迁移，以期解决更多类似的数学问题.

三、数学讲题如何讲

叶澜教授说过，能够将简单的问题讲解得深刻属于优秀，能够将深刻的问题讲解到简明扼要属于完美.例题的讲解要注意精、深、透的原则，既要讲在必要处和关键时，又要讲得恰到好处.这里“必要处和关键时”是指学生思维困惑费力、看不透、须提升的地方.只有这样，学生数学问题解决的能力才能够循序渐进地获得提升.引导学生学会解题是讲题的宗旨，讲题的目的不仅要帮助学生学会根据题设条件求解本题，还要帮助学生学会解决与之相关的一类问题.

下面拟摘取讲座中的若干教学片段加以阐释讲题应该如何讲.

（一）引导学生审题，找到解题的突破口

基于学生的实际学情，引导学生从题目中提取相关信息需要一个过程，即将审题环节作为学生思维的中间地带，教师做适当引导，让学生搞清题目所给条件的作用，以达到最快速找到解题突破口的目的.

案例1　课例《一元二次方程的应用》教学片段

【例题】关于x的方程$m^2x^2+(2m+1)x+1=0$有两个实数根，求m的取值范围.

分析：本题是关于x的方程，它有两个实数根，条件提示我们“关于x的方程为一元二次方程”，即本题考查的是与一元二次方程有关的知识

点，从而顺利挖掘出二次项系数$m^2 \neq 0$和一元二次方程的根的判别式$\Delta = (2m+1)^2 - 4m^2 \geqslant 0$两个隐含条件，最后只需要求解这个不等式组即可求得字母m的取值范围.

点评：授课老师从一元二次方程的概念入手，引导学生联想“二次项系数不为零”这个条件，又基于该方程有两个实数根，引导学生联想“该一元二次方程的根的判别式为非负数”这个条件.整个分析过程从学生的实际学情出发，答案呼之欲出，分析精辟到位，言简意赅.

（二）基于审题抓住题目条件和结论，选择合理的解题思路

俗话说，“台上一分钟、台下十年工.”能够站在市优化学习的录制平台上，老师们的素质是毋庸置疑的.他们把解题的切入点和思维的过程重点讲解和展示，意在引导学生学会如何思考、为何这样思考.同时，讲题过程还呈现出集中思维和发散思维并重的特点，解题方法既注意到通性通法，还注意到巧思妙解.

解题思路包含综合法（由因索果法）、分析法（由果索因法）以及综合分析法（俗称“两头凑法”）.下面仅以综合分析法为例加以说明，即在审题的基础上，根据已知条件来推导可知条件，根据未知条件来推导须知条件.这里可知条件和须知条件之间的联系就是思维的中间地带（区分度的体现），须借助非逻辑的经验、想象、猜测、构造等方式，找到连接可知条件和须知条件的路线，即可知条件和须知条件联系的纽带一旦找到，问题便得到解决.

案例2　课例《几何证明举例》教学片段

【例题】已知：BE平分$\angle ABC$，D是AB的中点，且$DE//BC$.

求证：$BE \perp AE$.

基于再现授课老师对于本题的分析过程，摘取其课件页面以供研讨，如图1.

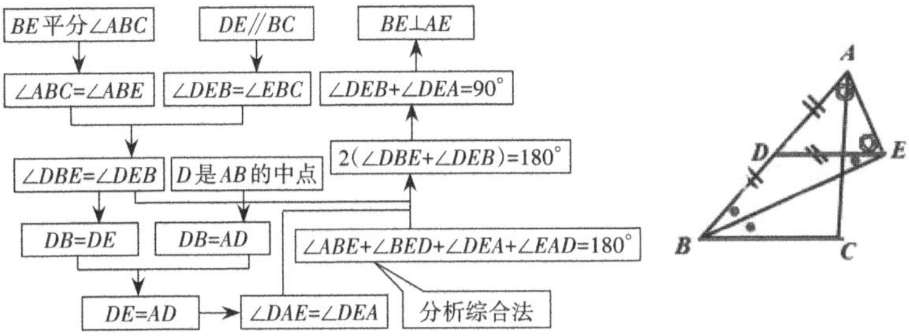

图1

点评：本案例授课老师采用综合分析法进行讲解，基于学生思维的可能起点，引导学生从已知条件出发推导出可知条件“$\angle DBE=\angle DEB$，$\angle DAE=\angle DEA$”，从结论出发引导学生很自然地联想须证得“$\angle DEA+\angle DEB=90°$”（须知条件）.如何找到可知条件和须知条件之间的联系呢？教师引导学生思考可知条件和须知条件所包含的这四个角之间的联系，学生就很自然地发现了这四个角的和为180°.这样可知条件与须知条件之间的联系顺利找到，问题便得以解决.该解题思路不仅帮助学生顺利完成了对问题的解答，而且达到了润物细无声的教学效果，引导学生学会了研究，逐步提升了解题探究能力.

（三）基于审题和分析之后的解题过程讲解

在审题、分析的基础上，规范的解题过程可以给学生带来一些启迪.基于知识点选择的习题可分为基础题、提高题、拓展题三类.对于基础题，在审题、分析的基础上，老师详尽地给出了每一道题的解题过程，并且清楚地阐述了步骤的来龙去脉；关于拓展题和提高题，不是每道题老师都在课件上给出详尽的解题过程，目的是教会学生思考，而且分析过程讲解得足够清楚，所以没必要再给出完整的解题过程.

案例3　课例《相似三角形的运用》教学片段

【例题】已知：如图2，在$\triangle ABC$中，$\angle BAC=90°$，BC边的垂直平分线EM和AC相交于点D，与BA的延长线交于点E.

求证：$AM^2=DM\cdot EM$.

分析：从结论看，要证明等积式$AM^2=DM\cdot$

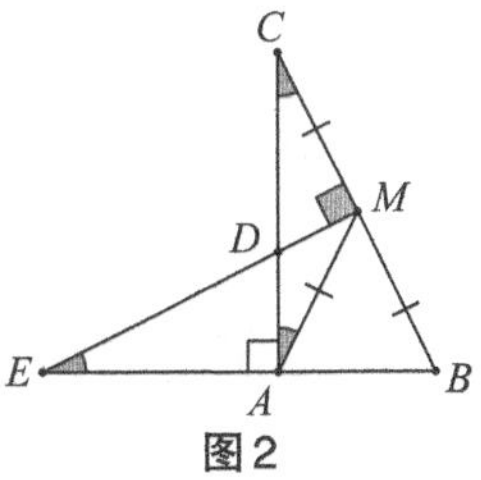

图2

EM，需证明比例式$\frac{AM}{DM}=\frac{EM}{AM}$.先观察比例式的左边，$AM$和$DM$恰好是$\triangle ADM$的两条边，再观察比例式的右边，$EM$和$AM$恰好是$\triangle AEM$的两条边，所以可以将证明比例式转化成证明$\triangle ADM$和$\triangle AEM$相似.那么如何证明$\triangle ADM$和$\triangle AEM$相似呢？由于这两个三角形有公共角$\angle AME$，因此根据相似三角形判定定理只需寻找到须知条件“一组对应角相等”，或者“夹$\angle AME$的两条边对应成比例”，即可完成本题的论证.

从已知条件看，$\angle BAC=90°$，EM是BC边的垂直平分线，所以可推得可知条件$AM=CM$，结合须知条件可以得到$\angle C=\angle CAM$；观察图形，结合须知条件可以发现$\angle C$和$\angle E$都是$\angle B$的余角，即$\angle C=\angle E$，从而顺利得到须知条件$\angle E=\angle CAM$.根据相似三角形判定定理“两角对应相等，两个三角形相似”，顺利判定$\triangle ADM$和$\triangle AEM$相似.

证明：$\because EM$为BC边的垂直平分线，$\therefore$点M为BC边的中点，$\angle BME=90°$.又$\because \angle BAC=90°$，$\therefore AM=CM$，$\therefore \angle C=\angle CAM$.$\because \angle B+\angle C=90°$，$\angle B+\angle E=90°$，$\therefore \angle C=\angle E$，$\therefore \angle E=\angle CAM$.又$\because \angle AME=\angle AME$，$\therefore \triangle ADM\backsim\triangle AEM$，$\therefore \frac{AM}{DM}=\frac{EM}{AM}$，$\therefore AM^2=DM\cdot EM$.

点评：本题的分析过程注重学生思维能力的培养，引导学生探寻可知条件和须知条件联系的桥梁.本题解题思路的获得是思维（问题的解决）的终点，也是新一轮思维的起点，引导我们思考“为何这样的思路可以顺利解决问题”“是否有更好的讲解方式”等.如果说本题的分析方法是综合分析法，那么板书的解题过程更加彰显解题思路的清晰严谨，是综合分析法的典范.

（四）解题后反思，达到触类旁通的目的

数学家弗赖登塔尔说：“反思是重要的思维活动，它是思维活动的核心和动力.”即解题后的反思不仅能帮学生巩固所学知识，而且能提高学生总结、归纳、概括、综合问题的意识和能力.从研修过程可以发现，基于所选取的例题、习题的差异，解题后反思的侧重点有所不同.如有的侧重于引导学生反思解题的易错点，促使学生突破思维定式；有的侧重于引导学生反

思解题思维的关键点和切入点，促使学生思维精确化、概括化；有的侧重于引导学生反思解题的技能与技巧，强化学生的基本技能；有的侧重于引导学生反思解题的探究过程，促使学生的解题思维更加合理；有的侧重于引导学生反思解题方法的差异，促进学生理解知识的应用水平更高.

案例4　课例《特殊四边形》教学片段

【例题】已知：如图3，在正方形$ABCD$中，$AB=2$，P是边BC上的任意一点，E是边BC延长线上一点，连接AP，过点P作$PF\perp AP$，与$\angle DCE$的平分线CF相交于点F，连接AF，与边CD相交于点G.

求证：$AP=FP$.

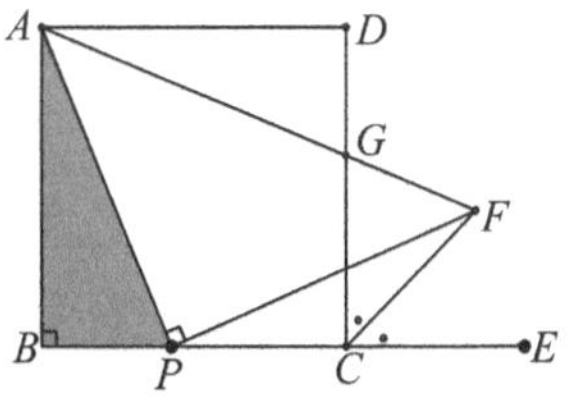

图3

为了更好地体会反思的功能，笔者这里隐藏了分析的过程，只保留了证明的基本过程，如下文.

［方法1］利用一般三角形全等证明.

如图4，在边AB上截取线段AN，使$AN=PC$，连接PN. 由题意，得$\angle 1=\angle 2$，$\angle 3=\angle PCF=135^\circ$，所以$\triangle ANP\cong\triangle PCF$，$\therefore AP=PF$.

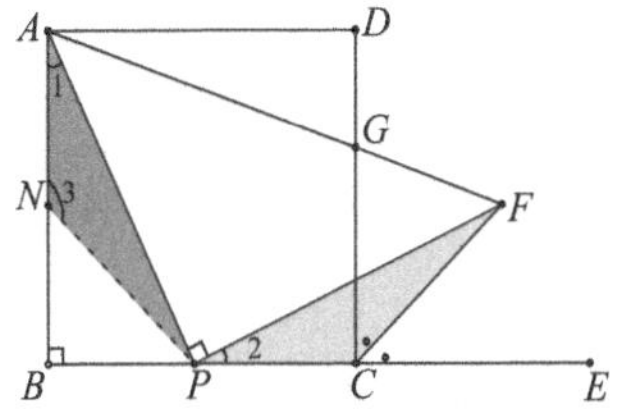

图4

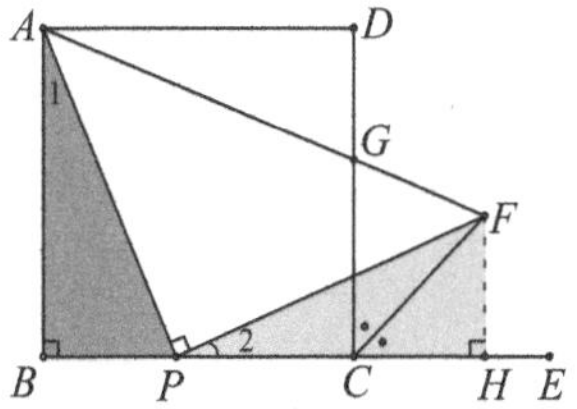

图5

［方法2］利用直角三角形全等证明.

如图5，过点F作$FH\perp BC$于点H. 易得$Rt\triangle ABP\backsim Rt\triangle PHF$，可得$\dfrac{AB}{BP}=\dfrac{PH}{HF}$. 设$CH=a$，则$FH=a$，$BP=x$，得方程$\dfrac{2}{x}=\dfrac{2-x+a}{a}$，整理得$x=a$，即$CH=FH=BP$. $\therefore Rt\triangle ABP\cong Rt\triangle PHF$，$\therefore AP=PF$.

[反思1] 这个方法太棒了！这里先证明Rt△ABP和Rt△PHF相似，再证这对直角三角形全等，真有一种山穷水尽到柳暗花明之感！

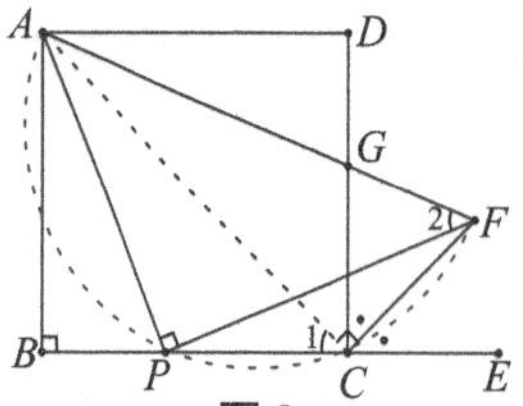

图6

[方法3] 利用四点共圆证明.

如图6，连接AC. ∵ 正方形$ABCD$，∴ $\angle 1=\angle ACD=45^\circ$，容易证得$\angle APF=\angle ACF=90^\circ$，∴ A，P，C，F四点共圆. ∴ $\angle 2=\angle 1=45^\circ$，∴ △$APF$为等腰直角三角形，∴ $AP=PF$.

[反思2] 比较上面三种方法，哪个好？好在哪儿？方法1利用一般三角形全等证明，常规易想，是大家都要掌握的通法；方法3利用四点共圆证明，证法简便优美，但需要拓宽同学们的知识面；而方法2利用直角三角形全等证明，思考独特，证法耐人寻味.

点评：本案例的分析、证明方法及反思，在循循善诱地引导学生解决问题的同时，进一步引导学生思考为何这样解决问题.基于解题方法的不同，教师还引导学生思考方法1，2，3之间的差异，每种解法好在何处，真正做到引导学生进行解题反思，优化学生思维的缜密性和发散性，促进学生思维能力的提升.正如笛卡尔所言："我所解决的每一个问题都将成为一个案例，可以用它解决一类问题."

四、后续思考

讲座中每一道例题的讲解都呈现出"一听就懂、一点就透、一试难忘、一用有效"的特点.讲题的实践研究，让我们在特级教师的引领下可以快速成长.

（一）讲题的实践研究促进教学理念的转变

讲题的实践研究让我们深刻体会到讲题前准备工作的重要性，真正促进教师教学理念的转变.讲题前要深刻把握题目所涉及的知识框架及思想方法，准确找到教学的起点，领悟恰当的讲解方式，这样才能帮助学生在掌握知识的同时提升他们解决问题的能力.

（二）讲题的实践研究促进数学专业的成长

在特级教师的专业引领下，讲题的实践研究过程让参与教师的教学方式和方法得到充分展示，进而促进其数学专业的成长.“以学定教”的理念固然先进，但是面对没有学生参与的课堂，如何保证讲题的方式、方法等能够得到各位专家及学生的认可，对我们教师的专业素养及教学能力提出了更高的要求.

（三）讲题的实践研究促进思辨能力的提升

本次上海市初中数学优化学习专家讲座结束后，值得我们后续思辨的课题依然很多.为何这些讲座在一定程度上能代表上海市初中数学的先进教学水平？如果将研修的过程进行微格分析，还能够提炼出哪些有价值的命题？这些问题值得我们后续进行研究，都将进一步提升我们的思辨能力.

教材与学情

基于实际学情，数学教师要加强单元教学设计，重视课堂教学策略，提升学生数学核心素养.本部分文章既有对数学章节单元教学备课的思考，也有对初中数学教材中的研究性学习素材如阅读材料、拓展、数字游戏、测量及探究活动等的运用策略研究，还有教学过程中落实学生的主体地位、引导学生进行研究性学习的思考等.

基本几何图形的有关论证与计算

一、课标呈现

《上海市中小学数学课程标准（试行稿）》对“基本几何图形的有关论证与计算”的教学要求如下：认识平面的基本图形，理解基本的几何变换，会画简单的平面图形，掌握简单平面图形的基本性质和有关距离、长度、角度、面积的计算方法；知道向量的概念，初步掌握向量的线性运算.能按照一定的规则和步骤进行计算、画图和推理，初步形成数学中听说写等交流技能.经历从直观经验几何、实验几何到论证几何的演进过程，体会直观感知与理性思考的联系与区别，体会归纳推理、类比推理和演绎推理的意义与作用；体验、探索具体图形的位置关系和运动规律，能用方向、距离、角度、集合变换进行刻画；具有“实验、归纳、猜测、论证”的经历，感受数学发现、创造的历程.

二、教材呈现

上海教育出版社版初中数学教材具有“二二分段”的特点.六、七年级包括7个学习主题，如圆的周长与面积、基本图形的画法、长方体的再认识、图形运动、相交线与平行线、三角形、平面直角坐标系.八、九年级包括7个学习主题，如几何证明、四边形、向量及其加减法、实数与向量的乘法、相似三角形、锐角三角比、圆与正多边形.

三、教材理解

（一）基于课程的理解

从整体上把握平面几何的内容，可以分为非封闭图形与封闭图形两大类.

1.非封闭图形.

非封闭图形有直线、射线、线段、角、相交线与平行线.在小学数学教材图形与几何的研究基础上，引导学生认识线段的表示方法，通过尺规作图学作一条线段等于已知线段，作已知线段的和、差、倍、半等；引导学生认识角的表示方法，通过尺规作图学作一个角等于已知角，作已知角的角平分线，作已知角的和、差、倍、半等；能够熟练进行与线段和角有关的计算.

在画基本图形的操作实践中，要熟悉常用画图工具的使用方法，学习一些最基本的几何概念和几何语言，进行有关几何概念和作图语言运用的初步训练.两条线段相等、两个角相等，是对两个图形重合及全等进行说理的基础，要重视操作过程和语言表达.

研究相交直线的有关概念及性质，如对顶角、垂线等；归纳出同位角、内错角和同旁内角的概念，用实验归纳、操作确认的方法得到平行线的判定及有关性质；引导学生通过操作实验与说理演绎相结合，形成相交线与平行线的基础知识，为后续的论证做好铺垫.

2. 封闭图形.

封闭图形有三角形、四边形、正多边形与圆等.

研究三角形，主要研究一个三角形的概念、性质与判定，研究两个三角形的形状.对于一个三角形，从边的视角，重点研究了等腰三角形与等边三角形的概念、性质、判定；从角的视角，重点研究了直角三角形的概念、性质与判定.对于两个三角形的形状，研究了全等三角形的概念、性质与判定，研究了相似三角形的概念、性质与判定.在数学实验活动中，学习三角形的有关概念、性质和画法后，可以进一步得到全等三角形的性质与判定、等腰（等边）三角形的性质与判定.这里主要运用演绎推理的方法，研究直角三角形的判定和性质以及角平分线、中垂线的有关概念和性质等.从图形的放缩引入相似形，重点学习三角形一边的平行线的性质与判定、平行线分线段成比例定理、相似三角形的概念、性质及判定等.

研究四边形，以平行四边形和等腰梯形为重点，兼顾平面向量及其加减运算.从边角元素入手，研究平行四边形、矩形、菱形、正方形的概念、性质与判定，研究等腰梯形的概念、性质与判定，注重展示演绎推理的思想方法，建立基本知识结构.对于非等腰梯形问题，考查学生的数学建模能力与数学思想方法的应用，将其转化为三角形与特殊的平行四边形问题.

研究正多边形与圆，以圆的有关概念、性质与计算为主.首先，在小学直观认识圆的基础上，学习圆的有关概念及其周长、面积的计算，再从整体到部分，研究圆弧和扇形.其次，实验操作与演绎推理相结合，学习圆的基本性质定理与垂径定理，学习点与圆、直线与圆、圆与圆的位置关系与数量关系，学习与正多边形有关的线段（边长、半径、边心距）、角（中心角、内角、外角）的计算等.

综上，上海教育出版社版数学教材改善了实验几何到论证几何的过渡与衔接，具体表现如下：

（1）展现“实验—归纳—猜想—论证”的过程；

（2）在图形运动中，对等腰三角形、直角三角形、平行四边形和圆的有关性质不展开讨论；

（3）对正多边形与圆的有关知识进行分层处理，几何论证的难度得到控制；

（4）在论证几何中，重视发挥图形研究过程对学生学习演绎推理方法的载体作用和对培育学生的理性精神、逻辑推理能力所具有的教育价值.

（二）基于教学的理解

对于图形与几何，有必要在主题教学视角下进行整体性教学设计.数学学科核心素养的成分难以在单个知识点上表现出来，它往往隐藏在知识体系与知识结构中.方法存在于过程中，过程要靠方法通，发展学生的数学学科核心素养应注重知识结构的教学，教学设计要从一个知识点或课时转变为主题教学视角下的整体性教学设计.

整体性教学设计是集思想体系、方法体系、知识体系于一体的教学设计.对于每一种几何图形或有图形关系的教学，都应该以“研究一个几何对象的基本套路”为指导，设计体现出数学的整体性、逻辑的连贯性、思想的一致性、方法的普适性和思维的系统性的系列化数学活动，引导学生通过对现实问题的数学抽象获得数学对象，构建研究数学对象的基本路径，发现值得研究的数学问题，探寻解决数学问题的方法，获得有价值的数学结论，从而建立数学模型，解决实际问题.

主题教学视角下图形与几何的整体性教学设计，可以防止教学内容的碎片化和加强研究经验的积累.进行整体性教学设计，可以发现知识的内在关联性及知识形成、发展过程中的逻辑关系，发现某个知识或者单元在教材体系中的地位与作用.进行整体性教学设计，还可以引导学生在原有经验的基础上，通过自主构建形成新经验.教师重视学生研究知识的路径和方法经验的积累，这也是一种学法指导.

主题教学视角下图形与几何的整体性教学设计，有利于学生建立良好的知识结构，获得系统的思想方法，形成良好的认知结构，进而逐步形成数学的思维方式.具体操作流程如图1所示.

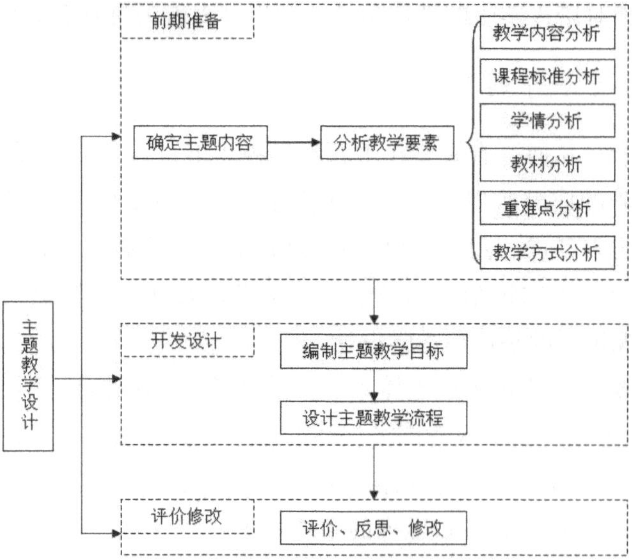

图1　主题教学设计的实施步骤

（三）基于教学的设计

对于平面几何问题的研究是一个整体的、连续性的思维过程，意在帮助学生形成研究几何问题的逻辑思维体系.进行教学之前，首先要了解研究对象的背景，认识研究对象的定义，明确该定义的类型；其次要依据几何图形的组成要素和相关要素进行分类，研究几何图形的性质；最后要整理教学和学生学习的逻辑思维顺序，帮助学生建立思维体系.

从知识的角度看，平面几何的内容包括四类知识：第一类为基础性知识，如点、线（直线、射线和线段）、角和平面图形；第二类为操作性知识，如尺规作图；第三类为工具性知识，如平移、旋转、翻折和放缩等几何变换知识；第四类为证明性知识，如三角形全等的性质与判定等.

从研究方法看，几何研究的基本思路是：在融合上述四类知识的基础上，把合情推理与演绎推理融合在一起，先用合情推理发现结论，再用演绎推理证明结论.

四、教学环节

由此可以设计“图形与几何”主题的教学环节.

（一）情境与问题

如果是纯粹数学问题引出探究课题，要查找单元教学内容的源与流，从问题出发，帮助学生提升数学核心素养之数学建模与逻辑推理.如果是实际数学问题抽象出探究课题，要引导学生进入思维活动场域，从问题出发，帮助学生提升数学核心素养之数学抽象；也可以引出课堂研究的核心内容，为后续图形与几何的具体教学内容做铺垫，提升学生的数学核心素养之数学建模与逻辑推理.

（二）知识与技能

理解问题中所涉几何对象的概念、关系等；能够掌握并运用相关的定理与结论进行推理论证，将直观想象与逻辑推理贯通起来；初步掌握演绎推理的一般规则与方法，实现从实验几何向推理几何的过渡，为后续更高层面上的数形结合思想（如坐标法）的落实打下基础.

（三）思维与表达

通过数学抽象建立数学问题，进行数学建模与逻辑推理，获得图形与几何的有关知识，强化分类讨论、类比、转化等数学思想.

（四）交流与反思

通过数学情境与问题，引导学生用数学的眼光来观察数学问题，引出课题.通过合作学习等方式，引导学生用数学的思维来思考数学问题，获得知识与技能.通过学生“说数学”等方式进行交流反思，引导学生用数学的语言来表达数学问题，初步掌握数学中的书面表达与口头表达等交流技能.

以下就“图形与几何”知识领域的几个主题，具体指出主题教学中值得注意的要点：

1.相交线与平行线.

相交线是学生系统学习的第一个几何对象，知识内容比较简单，但可以在如何定义几何图形和图形的关系、几何对象的性质是什么、如何发现和提出值得研究的数学问题上做文章，让学生感悟到：通过基本图形组成元素的相互关系定义它们的位置关系，譬如两条直线相交就是两条直线有且只有一个公共点；几何要素之间确定的位置关系和大小关系就是几何图形的性质，譬如相交线的性质就是两条直线相交所得的四个角的位置关系（邻补角与对顶角）、数量关系（邻补角互补、对顶角相等）.在两条直线相交的基础上，研究三条直线相交，引出“三线八角”的学习内容，进而研究“三线八角”的特例——某两条直线平行.其中，把“同位角相等、两直线平行”作为基本事实，能够较好体现出用角的关系刻画平行线内涵的思想，并由此得到其他判定定理.

2.三角形.

三角形的学习中，教师要引导学生逐步积累和形成几何研究的基本套路，如抽象出三角形的概念，并能够对三角形按照边、角元素展开分类.三角形性质的研究对象为要素（边、角）和相关要素（外角、高、中线、角平分线）的关系，可获得有关的概念、性质与判定等.从研究一个三角形到研究两个三角形，即两个或者两类三角形的大小关系与形状差异主要反映为全等或者相似三角形.从定性研究过渡到定量研究，如锐角的三角比、解直角三角形等.

3.四边形.

从三角形推广到多边形，重点研究的是四边形的有关知识.平行四边形的两组对边分别平行，梯形的一组对边平行、另一组对边不平行.基于平行性的研究，研究四边形是从平行四边形和梯形入手.研究一个几何对象的路径是背景—定义—性质—判定.例如对于一个三角形的研究，是按照从特殊到一般的顺序展开的.三角形有关知识完整研究后，类比它的研究路径，以“属+类差”的定义方式，通过要素或者要素关系的特殊化，依次学习平行四边形、矩形、菱形、正方形、梯形等知识.

4.正多边形与圆.

圆的整体性教学设计，从圆的定义出发，将圆的要素（圆心、半径、圆周上的点）和相关要素（弧、弦、弦心距、圆心角等）的关系作为基础研究点；将点与圆、直线与圆、圆与圆的位置关系作为核心研究点.在此基础上，与三角形、四边形等已学内容相结合，引导学生探究圆的有关性质.具体说，由圆的定义抽象出圆的对称性质、确定圆的条件及点与圆的位置关系；由圆的对称性质获得圆的基本性质定理和垂径定理；研究点与圆、直线与圆、圆与圆的位置关系及其相对应的数量关系；研究圆与正多边形的关系.

教材还包含定向拓展内容，如圆与直线的位置关系的判定定理、与圆有关的角及四点共圆等知识.为了构建与完善学生的知识体系，教师需要在降低教学要求的基础上开展教学.

数学教材是课程内容的重要载体，为教学提供了基本素材，具有系统性与通用性；图形与几何部分教材内容的安排，显示了对教学材料进行组织的一条基本线索，有借鉴性，也有局限性.所以，具体教学中的内容组织既要研读教材又要分析学情，恰当地就基本几何图形的有关论证与计算展开教学.

指向核心素养的教学设计，要求数学教师在充分建构和解构数学教材之图形与几何的基础上整体性重构数学课程，进行整体性教学设计.具体案例见“核心素养与教学设计”部分.

沪教版初中数学教材使用之我见

——以七年级下册《三角形》一章为例

一、背景分析

现行上海教育出版社版初中数学教材，依据上海市教育委员会制定的《上海市普通中小学课程方案》和《上海市中小学数学课程标准（试行稿）》，由上海市教委教研室组织专家组编写而成.

上海初中数学教材编排的特点是“二二分段”“九年级分层”.“二二分段”的设计，主要是从初中生数学认知发展的水平着眼，对不同年级的数学内容采取差别化的处理方式，六、七年级的数学教材偏重于直观感知、形象思维的活动，八、九年级的数学教材逐步提高对理性分析和逻辑思维的要求.“九年级分层”的构想，主要是考虑到适应学生个性差异和引导学生合理分流的需要.

二、运用教材的思考

二期课改试用版初中数学教材引导笔者思考了很多问题，比如如何用好“每一章的章头图”，如何用好“每一课时教材中蓝底虚线方形框”，如何用好“海马博士的归纳总结”，如何用好“本章小结”，如何用好“阅读材料和探究活动”等诸多值得思考的课题.这些在教学实践过程中的思考，促使笔者对当前初中数学教材的教材编排、教学例题的选择、配套练习的设计等许多问题进行了反思.下面以七年级下册《三角形》一章为例加以说明.

（一）教材中部分教学内容的组织有待完善

教材编制凝聚着编写组专家的心血，我们教材使用者要在尊重教材的基础上理解教材.随着数学教学的改革，教材部分内容值得商榷和改进，某些教学内容尚需完善和修订.

以七年级下册数学教材第十四章《三角形》第三课时《全等三角形的概念与性质》为例加以说明.在第一课时中，学生学习了全等形、全等三角形的概念，接着用“重合”观点积累了全等三角形的性质：全等三角形对应边相等、对应角相等.在第二课时中，教学内容的组织流程如下：先引导学生讨论，画出一个形状大小都固定的三角形需要几个元素，待学生理解需要三个条件才可能画出形状与大小都固定的三角形后，配合全等三角形三个判定定理（边角边、角边角和角角边）设置三道例题，让学生理解如果给出的三个元素是“边角边、角边角和角角边”就可以画出唯一的形状大小都固定的三角形，课后巩固练习给出四道练习题，分别对应边边边、边角边、角边角和角角边.教学内容的结尾设置一个实践活动“想一想：如果给定的条件是两角及其中一角的对边，那么画出的三角形完全确定吗?”

七年级下册的几何内容是从实验操作几何向说理几何过渡，教学实施者要能够正确和客观地加以驾驭.值得商榷的地方有二：一是教材中设置两个课时的内容引导学生掌握全等形和全等三角形的概念及性质，尤其是第二课时教学内容明确要引导学生画四种情况的三角形，可是仅仅设置了三道例题，独缺“边边边”这种情况下的例题.是否需要再补充一道例题，加以完善该课时的教学内容？二是在教学内容的结尾环节的“想一想”后面，是否应该再添加一个实践操作活动？如：“想一想，如果给定的条件为三个角，那么画出的三角形完全确定吗?”

学生经历实践操作反思后会发现：知道两角和其中一角的对边，画出的三角形可能有两个；知道三个角，画出的三角形只能固定形状，不能固定大小，画出的三角形可能有无数个.这样的设置为后续九年级相似三角形单元的学习埋下伏笔，有益于完善学生的认知结构和思维品质.与此同时，为学生知道“两边及其中一边的对角为某个特殊角”来解直角三角形做出思维的发散，也为后续解决与直角三角形有关的计算问题奠定基础.

（二）教材中部分几何知识编排顺序有待调整

基于“二二分段”“九年级分层”和学生认知水平的现实学情，上海教育出版社版初中数学教材编制时遵循“教学内容螺旋式上升”的原则，如六年级的数学教材几何教学知识以实验操作几何为主，七年级的数学教材几何教学知识以实验操作几何和说理几何为主，八、九年级的数学教材几何教学知识以论证几何为主.

实践过程中，笔者认为《全等三角形的判定》一课时中存在有待商榷的地方，可能需要教材编写专家组成员对部分几何知识编排顺序进行调整.

如果已知三角形中某特定的三边元素，能够画出符合条件的形状和大小都唯一的三角形，那么学生经历实践操作基本能够掌握这个知识点.但在后面全等三角形判定定理的学习过程中，判定定理（SAS、ASA、AAS）都是引导学生画图后采用“重合说”来说明两个三角形全等，或者化归后采用“重合说”来说明两个三角形全等.唯独判定定理4（SSS）的说理过程在教材中属于一笔带过，仅仅在教材第97页的下面做了如下说明：我们将在以后补上关于“三边对应相等的两个三角形全等”的说理.

试想为何会出现这种情况呢？是不是说明我们几何知识的编排顺序需要调整呢？如果调整能否解决上述问题？这就需要我们结合《上海市中小学数学课程标准（试行稿）》重新思考《三角形》这一章的知识编排顺序.

本章包括三个小单元，即三角形的有关概念与性质、全等三角形和等腰（等边）三角形.如果能够调整几何知识的编排顺序，将等腰（等边）三角形的性质知识提前学习，那么建议本单元的几何知识编排顺序重新设置，对比如表1.

表1　三角形几何知识编排顺序及课时设置对比

单　元	教材三角形几何知识编排顺序及课时设置	建议教材三角形几何知识编排顺序及课时设置
三角形的有关概念与性质	三角形有关的概念(2)	三角形有关的概念(2)
	三角形的内角和(3)	三角形的内角和(3)
	—	等腰三角形的性质(1)
全等三角形	全等三角形的概念与性质(2)	全等三角形的概念与性质(2)
	全等三角形的判定(6)	全等三角形的判定(6)
等腰(等边)三角形	等腰三角形的性质(1)	等腰三角形的判定(2)
	等腰三角形的判定(2)	等边三角形的判定(1)
	等边三角形的判定(1)	—
	本章小结(3)	本章小结(3)

重新编制几何知识的教学顺序能够解决上述问题.同样，也可以采用实验操作的方式将“边边边”定理转化为“边角边”定理来证明.

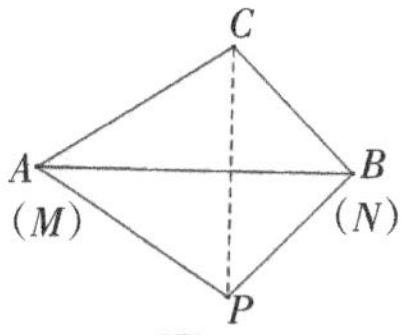

图1

【例题】已知：$\triangle ABC$和$\triangle MNP$，$AB=MN$，$AC=MP$，$BC=NP$.

求证：$\triangle ABC\cong\triangle MNP$.

分析：首先将某一对应边MN与AB重合在一起，如图1，且点M与点A重合，点N与点B重合，然后以点A为圆心、MP为半径画弧，以点B为圆心、以NP为半径画弧，两弧交于点P，连接CP后，使用“等边对等角”容易发现$\angle ACB=\angle APB$，即可证明$\triangle ACB\cong\triangle APB$，又$\triangle APB\cong\triangle MPN$，即可发现$\triangle ABC\cong\triangle MNP$.本质上通过画图构成一组全等三角形，通过“边角边”定理证明一组全等三角形，通过传递性获得两个三角形全等，完成判定定理4（“边边边”定理）的证明.

（三）教材中部分配套例习题需要修订

数学教材中的例习题是基于学生的最近发展区，为巩固基础知识和基本技能、积累解题经验服务的，在“质”与“量”上要有所舍得，形成减负增效的功能.教材上选取的绝大多数例题是优秀的经典例题，但是笔者在实践使用过程中发现，尚有部分例习题的设置与选择值得商榷与改进.

下面以《等边三角形》一课时为例，说明需要改进的必要性.本课教学知识为等边三角形的性质与判定，借助一道例题加以巩固等边三角形的性质.例题背景为两个边长大小不一的共顶点的等边三角形，小等边三角形的边重合于大等边三角形的边上，意在帮助学生巩固三角形知识，加深对等边三角形性质、全等三角形判定与性质的理解.

课后练习设置三道题，练习一是例题的变式题，将小的等边三角形绕公共顶点旋转，使其一个顶点落在大等边三角形的一边上，来证明两个三角形全等；练习二也是例题的变式题，将小的等边三角形绕公共顶点旋转，使其一个顶点落在大等边三角形一边的延长线上，来证明两个三角形全等；练习三是在等边三角形的背景下证明等边三角形.

教材例题和课后练习是选题经典，形成难度梯度，“质”“量”都有保障，所选例习题具有较强的开发价值.值得商榷的地方有三：一是建议将课后练习一前置，成为课本例2，这样就可以进一步引导学生思考两道例题的共性和差异，探寻这类习题的本质，发挥“做一题通一类”的例题示范引领功能，这样还可以进一步开发课后练习二的功能；二是建议增加一道例题，其证明结论为“等边三角形”，引导学生学习如何探寻条件证明等边三角形；三是课后练习进一步补充完善，在课后练习中增加一些等边三角形的性质和判定运用的习题.如图形中包含等边三角形，加强对等边三角形性质和等腰三角形“三线合一”性的练习，以及补充条件来说明某个三角形为等边三角形等.

（四）教材中的探究活动尚需推敲

数学教学是数学活动的教学.数学活动是教师以问题情境为载体，引导学生经历观察、实验、猜想、计算、推理、验证等，进行自主探索、研究问题本质的探究活动.

开展数学探究活动的教学，能充分体现和发挥学生的主体地位，有利于教师充分了解不同层次学生的学习信息；同时，针对学生认知过程中出现的问题给予点拨、引导和帮助，提高学生发现问题、分析问题和解决问题的能力，发展学生的创新意识和实践能力.

数学教师要思考探究的内容、形式、过程.譬如七年级下册《三角形》一章设置了阅读材料“边边角能判定三角形全等吗”和探究活动一“七巧板问题”、探究活动二“分割等腰三角形问题”等三个探究活动.

笔者认为：是否可以将阅读材料进行重新设计，形成两个问题?

【问题1】已知$AB=4$，$BC=3$，$\angle A=45°$，请画出符合题意的$\triangle ABC$.

【问题2】已知$\triangle ABC$和$\triangle DEF$，且$AB=DE$，$\angle A=\angle D$，$BC=EF$，那么$\triangle ABC$和$\triangle DEF$全等吗？为什么？

这样设计问题可引导学生经历操作、设计实验方案及评价论证过程，比单纯地让学生阅读材料更加有效.

与此类似的是，对于探究活动一“七巧板问题”，教材设计的目的在于遵循“两纲”教育，激发学生的爱国热情，激发学生的民族自豪感，培养学生的空间想象能力等.笔者在教学时，在几何画板软件中仅仅是运用七巧板工具引导学生一起现场设计了几个图案形状，远远没有达到教材编写组设置本探究活动的目的.

探究活动二的标题“分割等腰三角形问题”存在歧义，是把等腰三角形分割达到什么目的，还是分割某个图形得到等腰三角形？经过阅读第一部分“阅读理解”的内容才发现，原来是把一个三角形通过割一刀将其分割为两个等腰三角形.

笔者建议增加本课时的探究内容，将其变成三个问题，构成一组探究题组.

【问题1】已知等腰$\triangle ABC$，$\angle A = 36^\circ$，能否画一条直线将$\triangle ABC$分割成两个等腰三角形？请画出图形并列举出所有方案.

【问题2】在$\triangle ABC$中，$\angle A = 100^\circ$，$\angle B = 60^\circ$，能否画一条直线将$\triangle ABC$分割为两个等腰三角形？请画出图形并列举出所有方案.

【问题3】已知等边$\triangle ABC$，请画出三条直线将其分割为四个等腰三角形，你有几种方案？请画出图形并列举出所有方案.

这样的设置基于学生的最近发展区，循序渐进地诱导使学生逐步完成探究的过程.借助罗增儒教授的解题学理论来说，就是让学生经历“模仿、变式、反思”阶段，逐步提升“自觉分析”的能力.

当然，设置这样的探究题组，需要教材编写组专家们花费更多的精力来选择恰当的载体以实现探究活动的价值.设置探究活动既要注意探究的内容与形式，又要注意探究路径的设计.因为探究活动的“价值”不但是使学生获得知识，更应引导学生在探索的过程中感受基本的数学思想，获得基本的数学活动经验，发展思维能力.探究活动能有序展开的关键是“问题”的设计，“问题”设计得好才能既关注探索过程的“路”，又关注探索思维的“度”.

在多年的数学教学过程中，通过研读教材和课程标准，结合阅读外省市的初中数学教材，笔者思考了数学教材的功能定位及各版本数学教材的差异. 正是这些实践与学习，提升了笔者的思辨能力和对数学教材的理解能力. 到底是用教材来教，还是教教材？在不断思辨的过程中，笔者认为，在充分尊重数学教材的基础上，结合课程标准来进一步揣摩、体会教材的编制顺序、例习题的载体功能，开发适合自己的校本教材是一线数学教师可以完成的数学教学研究. 真切希望广大一线数学教师在教育实践的过程中，努力在建构和解构数学教材的基础上重构数学教材，开发适合本校实际学情的校本教材.

初中数学研究性学习素材及其运用

——以沪教版初中数学教材为例

上海教育出版社版初中数学教材在涵盖学生所需数学基础内容的同时，也为在数学上有更多需求的学生提供了学习素材.譬如数学游戏、实践活动、阅读材料、拓展、探究活动等研究性学习素材，为我们开发、开设初中数学拓展课程指明了方向，预设了研究拓展课程的核心内容.这些研究性学习素材也为高中开展研究性学习做了铺垫，可引导学生逐步转变学习方式.

一、研究性学习素材的分布

上海教育出版社版初中数学教材中的研究性学习素材，合计有50份.研究性学习素材按照板块分布如下："数与运算"11份，"代数与方程"11份，"概率与统计"2份，"函数与分析"5份，"图形与几何"21份.研究性学习素材按照年级分布如下：六年级18份，七年级14份，八年级10份，九年级8份.上述研究性学习素材的设置兼顾了教材课时分布与学生认知.

二、研究性学习素材的价值

初中数学教材中研究性学习素材为校本课程的开发与学生的多元化学习奠定了基础.拓展与探究活动既可以让学生自主探究，也可以让教师指导学生运用数学方法进行探索；阅读材料中有关数学史、有趣问题的介绍，可以帮助学生了解古代数学家探索这些数学问题的过程，以及研究这些数学问题的过程中蕴含的数学思想方法.

学习素材不一定先由教师讲清楚，而应针对具体的研究内容，教师合理设置学习目标，由学生依靠自己或小组的努力初步解决问题，支持学生个体经验和尊重学生主体地位，关注数学精神与数学思想的体验.

（一）帮助学生透彻理解数学概念

数学概念是客观对象的数量关系和空间形式本质属性的反映，正确理解概念是学好数学的基础.数学概念的生成过程，是由具体到抽象、特殊到一般的数学化过程.譬如六年级第一章《数的整除》探究活动是利用素因数找因数，即在该课时的活动过程中，师生合理互动，借助素因数来确定某个整数的因数的个数，梳理素因数与因数之间的关系，形成章节间知识的融会贯通.

（二）激发学生的学习兴趣与民族自豪感

在数学课堂教学中，恰当地激发学生的学习兴趣与民族自豪感，是数学教师的职责与使命.教师要吃透教材，合理运用学习素材，如六年级第四章《圆的周长与面积》阅读材料给出了圆周率的发展史.在第一课时《圆的周长》的学习过程中，通过小组合作学习，可以探究出圆的周长与它的直径的比值是个定值，教师便可顺势告诉学生“这个定值叫做圆周率”，然后借助多媒体工具介绍圆周率的发展史，并且在课后作业中布置学生再次精读教材后面的阅读材料.上述教学过程可以在激发学生学习兴趣、获得新知概念的同时，激发学生的民族自豪感.

（三）促进学生的问题探究能力

问题是数学的心脏，也是数学的魅力所在.基于学生的最近发展区设计问题串，有利于学生进行知识迁移，在问题意识驱动下，提高学生的问题探究能力.如六年级第二章《分数》的拓展材料为无限循环小数与分数的互化.在该课时的活动过程中，通过师生合理互动，借助方程思想完成无限循环小数到分数的转化和互化，以及总结出互化的规律.纯循环小数化为分数或者混循环小数化为分数，不借助方程思想能够解决吗？纯循环小数$0.\dot{9}$借助方程思想或者规律将转化为1，这是必然还是偶然呢？学习素材的核心问题既能激发学生学习兴趣，又能创设悬念，使学生自然产生主动求知的心理冲动，孕育创造的火花.

这些学习素材中的拓展与探究活动蕴涵分类思想、化归思想、转化思想、数形结合思想、消元思想、反证思想、图象思想、降次思想、配方思想、换元思想、待定系数思想、方程思想、函数思想等.初中数学教材中的研究性学习素材就是教师引导教学的支架，学生数学实践的窗口，数学思想培养的载体.

三、研究性学习素材的教学设计

下面以七年级第九章《整式》的阅读材料——贾宪三角为例进行教学设计.

案例 《贾宪三角》的教学设计

◇教学目标

1.能够熟练求解底数为两项、幂指数为3或4的二项展开式的结果.

2.根据贾宪三角求解幂指数为0，1，2，3，4的二项展开式的结果，借助不完全归纳法探寻贾宪三角中数字的规律，进而能够根据发现的规律，不经过计算，直接写出幂指数为5或6的二项展开式的结果.

3.了解贾宪三角的历史，激发学生的民族自豪感.

◇教学重点与难点

重点：贾宪三角中数字的规律.

难点：如何发现贾宪三角中数字的规律，进而运用规律解决简单的数学问题.

◇教学技术与学习资源应用

《几何画板》软件、学习单.

◇教学过程

一、问题引入

规定：$(a+b)^0=1$，其中，$a+b\neq 0$.

计算：$(a+b)^1=$ ________；

$(a+b)^2=$ ________；

$(a+b)^3=$ ________；

$(a+b)^4=$ ________；

…

思考：不经过计算，你能快速说出二项式$(a+b)^5$展开的结果吗？一共有多少项，每一项的次数和系数分别是什么？

二、新课讲解

1.数学史介绍.

贾宪三角又叫杨辉三角（如图1），出自我国宋朝数学家杨辉（如图2）的《详解九章算法》（1261年）一书.杨辉在注释中提到，贾宪用过这个方法，因此我们称它为贾宪三角.

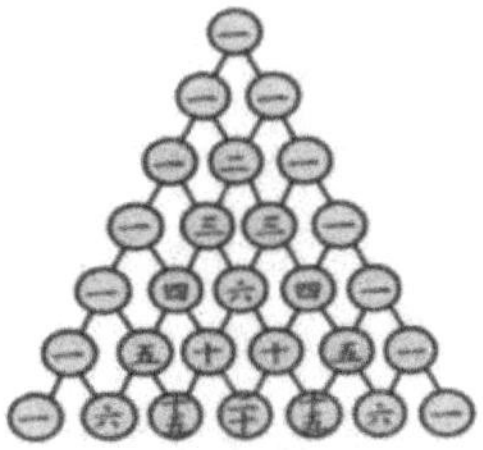

图1

在西方，它被称为帕斯卡三角，因为是帕斯卡于1654年发现的.然而，他的发现比中国晚了几百年，我们应该为中国古代的数学文化而感到骄傲.

图2

2.新课探究.

观察上述贾宪三角，回答下列问题：

（1）上述等式右边每一项的次数与等式左边的幂指数有什么关系？

（2）上述等式右边每一行的项数与什么因素有关？

（3）整体观察贾宪三角，上下行的系数之间存在什么关系？

（4）整体观察贾宪三角，每一行系数的和为多少，与等式左边的幂指数有什么关系？

（5）整体观察贾宪三角，你还有什么发现？

3.问题解决.

不经过计算，运用贾宪三角中数字的部分规律，快速说出二项式$(a+b)^5$展开的结果，并通过计算说明该结果的合理性.

三、课堂小结与作业布置

略.

阅读上述教学设计可以发现，教学定位于帮助学生巩固基础知识，提升探究能力，培养数学核心素养.首先，巩固整式的乘法及乘法公式，并投影呈现出运算的结果，引导学生进行数学抽象和数学建模，得到贾宪三角，从而引出课题.其次，通过设疑激发学生探究的欲望，为后续介绍数学史贾宪三角和探究贾宪三角中数字的规律做铺垫.再次，介绍贾宪三角的数学史，让学生感悟中国先进数学文化，激发学生的民族自豪感.最后，通过层层递进的问题串，引导学生仔细观察，归纳贾宪三角中的数字规律，提升学生数据分析、数学抽象、数学建模和逻辑推理的数学核心素养.

初中数学研究性学习素材大都需要引导学生经历从实际到问题、从探究到分解、从实验到论证、从猜想到验证、从方法到拓展的数学探究过程，学生获得直接经验和间接启发，既激发了他们浓厚的学习兴趣，又挖掘了他们探究的无穷潜力，继而学生的实践能力获得锻炼，思维品质和创新精神得到培养.如果数学教师仅将贾宪三角当作阅读材料使用，机械地告诉学生这些数字之间的规律，那么这样的学习过程是不利于学生探究能力的培养的.

四、运用研究性学习素材的思考

数学研究性学习素材有的侧重提升学生思维，如第二章《分数》的探究活动是将一个分数拆分为几个不同单位分数之和；有的侧重融入数学史，激发学生的民族自豪感，如第四章《圆的周长与面积》的阅读材料讲述了圆周率的发展史等；有的侧重实践，如第二十五章的测量活动；有的侧重展示创意，如第十一章《图形运动》的探究活动是平面图形的设计.所以，数学教师通过建构和解构数学教材，应合理设计研究性学习素材的教学过程.而且，预设教学设计的过程可以提升教师对教材的理解，教学设计实施的过程可以让学生弄清解决数学问题用到的思想方法.

（一）提升研究性学习素材的教学设计质量

教材编写专家在编排教材体系时预设的研究性学习素材，为数学教师开设校本研究性课程提供必要的认知前提与心理预期.既然教材编排了研究性学习素材，那么教师就得合理运用这些学习素材开展教学.数学教师对研究性学习素材视而不见或望而却步，不利于提升学生的思维品质.数学教师必须加强对研究性学习素材的运用，重构教学内容，深入剖析新旧知识间的关系，有效地组织教学，最大限度地发挥研究性学习素材的价值.

（二）捕捉教学过程中研究性学习素材的生长

只有提升教学预设的质量，才能捕捉到精彩的课堂生成，才能做到教师主导与学生主动的和谐共生.教师要把握好引领“度”，诱导学生积极地、愉快地参与到研究性学习素材的课堂教学中来.课堂具有动态生成性，因为再完善的教学预案也不能涵盖教学实际的复杂变化，所以教师要及时、敏锐地捕捉课堂中研究性学习素材的生成与生长.这样的教学在完善学生认知结构的同时，能提升学生的探究与解决问题能力，培养学生的数学核心素养.

（三）布置学生提交研究性学习素材的成果

教师要分析每一份研究性学习素材的核心知识与数学思想，将简单的、浅显的素材放手给学生，让学生以自学的方式来理解和感悟；对于探索性较强的素材，让学生经历实践和创新的过程.数学教师要重视研究性学习素材的教学功能，提升教学预设的质量，让教学内容与教学流程起承转合，落实学生的主体地位，让学生亲历体验，或实验操作，或说理明断，或推理论证，做知识的研究者和生成者.经历上述数学活动后，基于学生的实际感悟，引导学生进行再反思与再创造，布置学生制作数学小报或者撰写数学反思小文章等，让研究性学习素材开花结果.

（四）提炼研究性学习素材的教学流程

数学教师基于教学研究性学习素材的实践，要及时提炼研究性学习素材的教学流程.教师要在理解数学、理解教材和理解学生的基础上，将每一份素材转化为一个探究性课堂，不断引导学生提出问题、探究问题、解决问题，促进学生认知发展和创新能力的发展.学生经历“实验—猜想—探究—分析—验证”的数学探究过程，新的发现激发新的探究，探究中又生成新的问题，层层递进，逐步积累经验，不断深化认识.

师生活动过程提炼如图3.

图3

总之，教师要提升研究性学习素材的教学预设质量，捕捉学生在教学过程中对素材的认识与生长，布置学生提交研究性学习素材的成果，进而提炼出可复制、可推广的研究性学习素材的教学流程.

基于“马虎”与“情绪”定量分析基础上的教学建议

在解题过程中，经常会发现有些学生出现的解题错误多数是随机的.比如你问学生“3+5等于多少?”学生都能答对.但是在分式化简中很多学生就会算错.这是什么原因呢？我们应该怎样减少这类问题，提高学生的解题正确率.

“马虎”的基本解释是漫不经心、不介意、疏忽或轻率等，其反义词是“认真”.除了在教育环境中，“马虎”在字典中也已经进行了研究.诺曼（1981年）给出的定义是，马虎是当一个人没有集中注意力而导致的操作错误，即被视为涉及注意力不集中，或被称为“心不在焉”.美国有学者这样定义马虎：在学生知道如何正确地回答前提下造成的错误.

一、马虎问题研究的基本范式

我国教育均衡发展的理念要求我们必须认真研究学困生的学习问题，马虎是最早出现在学困生面前的问题.很多教师和学生家长都给学生扣上了不认真听讲、注意力不集中、做作业马虎等帽子，造成学生的逆反情绪蔓延，最终导致学困生的出现.学生学习困难除了生理方面的因素之外，是否有教育方面的因素呢？我们应该如何防微杜渐，减少学困生呢?

近几年的相关研究表明，挫折、厌烦、混乱和无聊等对学习活动都有直接影响.自1950年以来，许多教育工作者开始关注粗心错误，有证据表明，它与学习成绩有一定的相关性.圣佩德罗等人（2013年）提出了三个研究粗心学习者的范式.

第一个范式是启发式分析错误模式，就是利用自我报告的方法和数据挖掘分析的误差模型进行分析.克莱门茨（1982年）采用启发式分析笔答数学测验中的错误模式，在数学问题解决过程中研究六年级学生的错误取得了非常大的成功.克莱门茨对50名六年级学生连续进行数学评估测试两次，学生一次回答正确，将另一次回答不正确的错误定义为粗心错误.然后，他通过与学生谈话，对测试中出现的错误进行分析：如果通过提示，学生获得了正确答案，则被认为是非粗心错误；如果不用任何提示，学生就可以找到正确答案，则被定义为粗心错误.通过这种方法，克莱门茨评估学生的粗心错误占比约为20%.有趣的是，克莱门茨还发现，过度自信与马虎也有关.

第二个范式是自我报告的模式，即通过学生对自己出现的问题进行自我分析，写成错误分析报告，然后由教师进行统计分析.由于这种粗心错误产生的概率与学习成绩相关，所以可将粗心程度作为学生学习成绩的有效预测指标.

第三个范式是利用数据挖掘算法来分析错误性质的模式.在这个范式中，开发了一个粗心的自动探测器，它试图通过对学生特定行为的统计，区分错误原因是缺乏知识技能还是粗心.该模型的分析方法基于数据挖掘，不是启发式的.该检测方法依赖于学生知道有关的知识技能和探测器的识别能力.此检测器已被证明是可以预测学生未来成绩的.随着信息技术的发展，很多系统都可以详细记录学生的行为过程，为数据分析提供了详细的日志文件，这些文件可以支持数据挖掘技术，进行细粒度的分析，从而分析一个错误是由学生的知识欠缺导致的，还是粗心导致的，这大大方便了马虎因素的研究.

尽管已经有了以下个体差异与粗心错误关系的研究，但是导致粗心错误的教育环境因素尚未完全清楚，有学者把粗心错误概念化，作为一个稳定的人格特质.

有证据表明，粗心错误与学习目标或绩效目标有关，具有这样目标的学生都不无例外地在学习过程中表现出更多的谨慎行为.

二、马虎与情绪关系的定量分析过程

玛利亚等人利用一个绘制散点图的操作性活动来研究马虎出现的概率，主要是使用自动检测器进行问题统计，然后利用数据挖掘方法推断粗心错误的概率.即使马虎是具有稳定性的个体差异，也必须有触发因素才能导致学生在特定的情况下变得粗心.其中一个导致粗心的可能因素是学生本身，因此可以推测，学习者可能会在混乱或紧张时出现粗心行为.

实验将学生参与活动时的情绪分成了七类，即无聊、混乱、喜悦、专注、沮丧、惊讶和不确定.其中“不确定”代表任何影响，有别于前面提到的六类.在实验中，学生活动又分为六类，即思考、阅读、计算、描点、划线和其他.这些类别是在画散点图时，学生体现出来的具体行为，而其他活动也会有其他不同的行为.

（一）学生解题过程中马虎是一种常见现象

实验发现，无教师监督学生的总体平均马虎概率为0.41，有教师监督学生的总体平均马虎概率为0.36.这两种情况下的马虎差异显著，t（124）= 2.01，双尾p=0.047，这表明没有教师监督可能减少马虎行为.

（二）不同情绪对马虎的影响各不相同

每个学生粗心的整体比例和每个情感状态的整体比例，经SPSS分析，结果有些令人吃惊.粗心与无聊呈负相关，非指导组R=−0.36，p=0.004；指导组R=−0.35，p=0.004.混乱也与马虎呈负相关，非指导组R=−0.38，p=0.002；指导组R=−0.32，p=0.011.马虎与专注呈正相关，非指导组R=0.58，p<0.001；指导组R=0.54，p<0.001.这表明，专注的学生马虎也会多一些，而较少专注的学生马虎也可能较少.马虎和沮丧在任一条件下并没有显著相关，非指导组R=−0.18，p=0.17；指导组R=0.13，p=0.32.

（三）对马虎的各种影响会随时间变化而变化

随着时间的推移，马虎和情绪出现概率都有一定的变化（见表1）.

表1　马虎和情绪出现概率的变化

情绪	马虎		抱怨		混乱		关注		总体	
时间	前段	后段	前段	后段	前段	后段	前段	后段	前段	后段
非指导组	0.33	0.48	0.04	0.09	0.55	0.39	0.38	0.49	0.34	0.24
指导组	0.38	0.35	0.05	0.09	0.62	0.42	0.29	0.46	0.39	0.26

非指导组后半段马虎出现比较明显，指导组反而有所降低.后半段抱怨情绪都有所增加，说明时间延长容易产生抱怨情绪.混乱情绪随时间变化都

明显减小，关注情绪都明显增加.

表2出示了马虎和三个最常见的情感状态随着时间的推移之间的关系.在前半段中，马虎和无聊之间的相关性在这两个群体趋向负面，但不显著，非指导组R=−0.19，p=0.15；指导组R=−0.09，p=0.47.在后半段，相关性变成了显著为负，非指导组R=−0.32，p=0.012；指导组R=−0.34，p=0.006.利用Steiger的Z–测试（1980年）确定马虎和无聊之间的相关性是否是两个时间段之间显著不同，这是用于比较多个相关性与条目个种群内没有重叠的变量条件下的一个标准测试.结果显示差异不显著：非指导组，Z=0.94，p=0.34；指导组，Z=1.72，p=0.08.

表2　马虎与情感状态随着时间推移的关系

	非指导组	指导组
马虎–无聊（前半段）	−0.19（p=0.15）	−0.19（p=0.15）
马虎–混乱（前半段）	−0.07（p=0.57）	−0.18（p=0.16）
马虎–注意力（前半段）	+0.17（p=0.20）	+0.31（p=0.014）
马虎–无聊（后半段）	−0.32（p=0.012）	−0.34（p=0.006）
马虎–混乱（后半段）	−0.37（p=0.004）	−0.33（p=0.009）
马虎–注意力（后半段）	+0.55（p<0.001）	+0.50（p<0.001）

在前半段中，马虎和混乱之间的相关性在这两个群体趋向负面，但不显著，非指导组R=−0.07，p=0.57；指导组R=−0.18，p=0.16.在下半段，相关性变成了显著为负，非指导组R=−0.37，p=0.004；指导组R=−0.33，p=0.009.在前半段，马虎和注意力之间的相关性有差异，非指导组不显著R=0.17，p=0.20；指导组显著，R=0.31，p=0.014.下半段两组都很显著，非指导组R=0.55，p<0.001；指导组R=0.50，p<0.001.在这里，我们可以看到，马虎和情感状态之间的关系下半段大多显著.结果表明，马虎与情感状态的正相关或负相关的关系从开始到结束相当一致.

（四）学习成绩与马虎的关系

学习成绩较差的学生容易混乱、厌烦和无聊，这是他们比较常见的情绪体验.混乱和马虎之间的负相关关系，说明成绩较差的学生不太容易出现马虎.特别是，不会的知识或技能越多，越不可能出现太多的马虎现象.其次，马虎和无聊之间的显著负相关关系，说明感觉无聊的学生也不太可能出现马虎.厌烦可能导致较低的知识理解，但这种由于知识理解导致的错误不能归因于马虎.

学习成绩好的学生越是处于专心的情感状态，越有可能出现马虎现象.因为马虎和信心之间存在正相关性，这样的学生了解教材的内容，并相信自己知道如何回答（甚至回答得比较快），便提高了马虎出现的比例.因此，学生在从事一般操作或活动时，有高估自己能力的倾向，导致他们变得不小心（容易马虎）.

三、克服马虎的几点建议

尽管美国的研究成果还不够全面，马虎分析模型还有一定的问题，但是总体结果给我们一定的启示.那么如何减少学生的马虎现象呢，本文有以下几点建议：

（一）正确认识马虎存在的必然性

学生大脑正处在发育过程中，大脑功能还有不完善之处，因此马虎是一个普遍存在的现象，人均出现马虎的概率在30%以上.所以，将马虎原因归结为学生不认真是完全错误的.统计分析表明，过分认真也是导致马虎的重要原因，因此考试时由于过分紧张导致意想不到的错误也就得到了很好的解释.

教师在教学中要正确理解学生马虎出现的原因，及时提醒，避免过分强化马虎是一种错误行为.因为马虎是学生一种无意识条件下出现的思维缺失，是学生思维能力发育不完善等诸多因素造成的.

（二）正确区分马虎与非马虎现象

统计结果表明，学习成绩较差的学生出现马虎的现象比较少，而注意力集中且比较自信的学生出现马虎的现象还比较多.很多学困生的错误多数是来源于对知识的不理解和能力水平较低，所以对学困生的错误要能正确诊断，具体分析错误原因，不能简单用马虎评价了之.只有针对性地指导学生，加强学生对知识的理解和技能训练，提升学生的学习能力，才能有效扫除学困生的学习障碍.

情绪与马虎之间既存在正相关又存在负相关，尽管这种相关性存在一定的统计误差，但是可以得出情绪变化对马虎是有影响的.教师教学中通过调整学生的情绪可以起到降低马虎的作用.比如引人入胜和富有挑战性的活动，学生想看看自己完成相关操作有多快，从而出现马虎现象.再比如，要求限制内时间解题，马虎现象也容易出现，这也是解释马虎和注意力之间相关性的依据之一.

（三）加强教师指导对马虎的影响

实验通过设置了指导组和非指导组，用以对比教师指导对马虎现象的影响.尽管试验中设计了计算机智能指导，但也说明指导对学生的马虎还是起到了一定的抑制作用.如果教师能够在学生活动过程中及时调整学生的情绪、给予必要的帮助和指导，那么学生在活动过程中会大大减少混乱、厌烦和无聊等情绪，从而提高解题效率.

（四）正视马虎现象，及时采取补救方法

其实马虎与思维灵活有一定的关系，思维速度快的学生其马虎现象比较严重.为此，教师应该强调解题的过程必须辅助检验活动.我们不能要求学生不马虎，而是要求学生学会检查，学会发现马虎错误的方法，比如作图、测量、验算、特例分析等.如果让这些学生把检查作为解题的必要步骤，学生就可以挽救马虎造成的失分，同时也可以很好地暗示学生哪里出现了马虎错误，并逐渐意识这些错误产生的原因，从而达到逐渐减少马虎现象的目标.

总之，以前对马虎的学生的观念是懒惰、心不在焉和无组织，这不是对马虎的学生的最恰当描述.这些学生多数处于无聊、厌烦等情绪之中，因此解决学困生的问题首先是解决他们的情绪问题，其次才是马虎问题.

命题与解题

教师有必要进行命题与解题研究.教师只有跳进题海，充分研究试题和数学教材之间的关联，才能帮助学生跳出题海.

基于“一线三等角模型”的创新能力综合题设计

创新能力的培养是数学课程的重要目标之一.创新能力是一种思维灵活性强、涉及知识范围广和探究性明显的综合能力，所以在能力检测和培养方面存在着很多困难.设计创新能力立意的综合题是命题设计的热点之一，目前已经形成了开放型、探索型等考查学生创新能力的数学问题.为了能够在教学过程中体会数学问题演变的过程，掌握问题之间的转化方法，提高学生对创新能力考核的应变能力，现拟从上海教育出版社版初中数学教材九年级上册第二十四章《相似三角形》中的一道几何例题（笔者称之为“一线三等角模型”问题）出发，在原有习题基本框架不变的情况下，将习题进行合理改编，设计出能够考查学生创新能力的几何综合题.

【例题】如图1，在$\triangle ABC$中，$AB=AC=10$，$BC=16$，点P，D分别在边BC，AC上，$BP=12$，$\angle APD=\angle B$，求BD的长度.

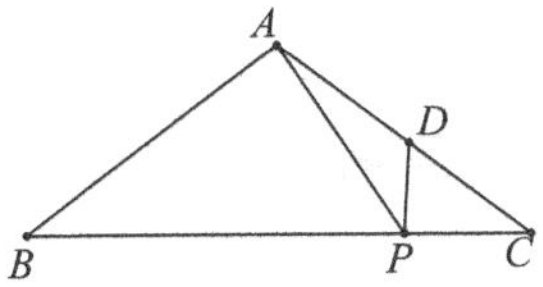

图1

分析：此题主要考查学生对相似三角形判定及性质定理的理解和运用能力.通过分析图1可以发现，问题中有两组相似三角形，即$\triangle ABP\backsim\triangle PCD$

和 $\triangle ADP \backsim \triangle ACP$. 这两组相似三角形是偶然的还是有必然的规律？不难分析，在一个特殊几何位置关系中存在着“$AB=AC$”及“$\angle APD=\angle B$”，这些条件保证了 $\angle APD = \angle B = \angle C$（三角连等），从而在这组角相等条件下有 $\triangle ABP \backsim \triangle PCD$.

【变式1】如图2，旋转$\angle APD$，使AP边与AB边交于点E，则$\angle EPD=\angle B$. 将“$BP=12$”条件改为“点P为线段BC的中点”，保持其他条件不变，这时候也会有 $\triangle EBP \backsim \triangle PCD$ 和 $\triangle EBP \backsim \triangle EPD$ 成立；

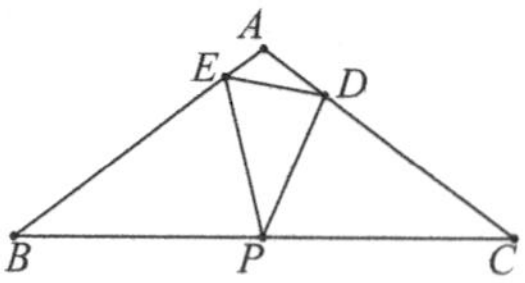

图2

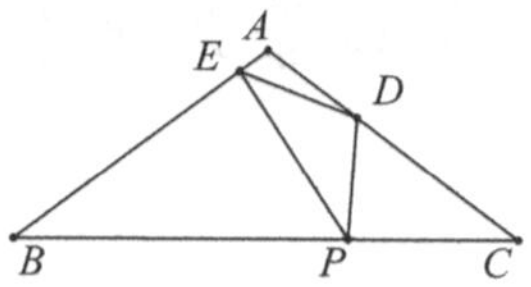

图3

【变式2】如图3，旋转$\angle APD$，使AP边与AB边交于点E，则$\angle EPD=\angle B$. 将“$BP=12$”条件改为“点P为BC边上的一个动点”（点P不与BC中点重合），保持其他条件不变，问 $\triangle EPD$，$\triangle PCD$，$\triangle EBP$ 何时构成相似三角形？

逐一分析这两道变式题，尽管部分条件有所变化，但是始终都保持了“$AB=AC$”及“$\angle EPD=\angle B$”的条件. 这些条件能保证 $\angle EPD = \angle B = \angle C$，并且这三个角都在一条线段$BC$上. 因此，我们将具有这样几何结构的试题统称为“一线三等角模型”背景下的试题.

在保持这种几何关系不变的前提下，通过对其他条件或者图形的变化，可以创造出许多思路类似的新题. 这些新题具有难易适度，层次明确，突出能力培养和个性化评价等特点.

一、改换题设或结论，测量学生创新思维的深度和广度

对习题的题设或结论进行变换、增加，或者将题设与结论互换，这是创新试题最基本的形式. 它能将一个问题从多个角度或反向来研究，这种系列试题的研究不仅可以考查学生对相关知识的理解程度，也能够有效地考

查学生的创新能力，引导学生加深对基本几何图形的把握.

【创新1】已知在△ABC中，$AB=AC=6$，$BC=5$，D是AB上一点，$BD=2$，E是BC上一动点，连接DE，DF，并作$\angle DEF=\angle B$，射线EF交线段AC于点F.

（1）如图4（1），求证：$\triangle DBE\backsim\triangle ECF$；

（2）如图4（2），当F是线段AC的中点时，求线段BE的长；

（3）如图4（3），将“$BD=2$”去掉，当E是线段BC的中点时，如果点E到AB边的距离为2时，那么点D在AB边上运动的过程中，点E到边DF的距离是否发生变化？请说明理由.

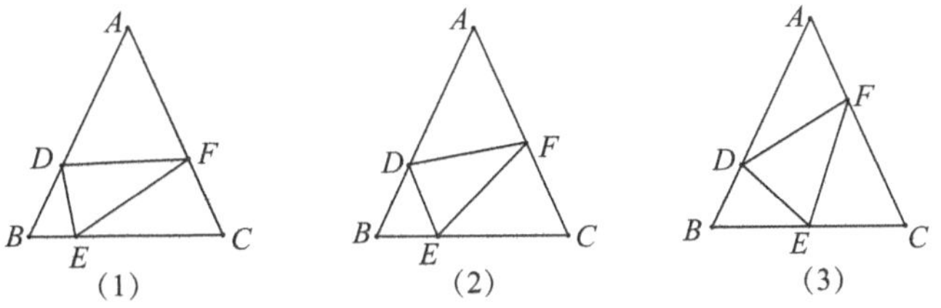

图4

编制方法：通过改变等腰三角形的边长及点D和点F的一动一静，完成题目条件的变化.

评析：此题创新编制策略是在“一线（线段BC）三等角（$\angle DEF=\angle B=\angle C$）模型”背景下，将相似三角形的判定与性质定理、角平分线定理融合起来.第（1）小题［如图4（1）］考查学生寻找两角相等来论证相似三角形的常规几何论证能力；第（2）小题［如图4（2）］考查学生在特定条件下运用相似三角形知识求解线段长的能力；第（3）小题［如图4（3）］的压轴点就是从特殊到一般，固定点E，让点D与点F运动起来.由于$\triangle DBE\backsim\triangle ECF\backsim\triangle DEF$，所以$\angle BDE=\angle EDF$.需要添加辅助线，即过点$E$分别作$EG$，$EH$垂直$BD$，$DF$于点$G$，$H$，构造角平分线定理模型，考查学生寻找图形运动之中的不变量“$EG=EH$”的能力，再将角平分线定理融入进来，对学生的空间想象能力和运用基本图形的能力进行全面考查.三个命题层层递进，符合课改要求.第（1）小题学生很容易入手，并且对后面所需知识进行了有效回顾，为后续能力的考查奠定了基础.后面的两个问题重思维和学习过程的考查，减少了繁杂的计算，体现了能力考查的特色.

【创新2】如图5，在$\triangle ABC$中，$AB=AC=5$ cm，$\cos B=\frac{4}{5}$，点P为BC边上一动点（不与点B，C重合），过点P作射线PM交AC于点M，使$\angle APM=\angle B$.

（1）求证：$\triangle ABP\backsim\triangle PCM$；

（2）设$BP=x$，$CM=y$，求y与x的函数解析式，并写出函数的定义域；

（3）当$\triangle PAM$为直角三角形时，求点P，B之间的距离.

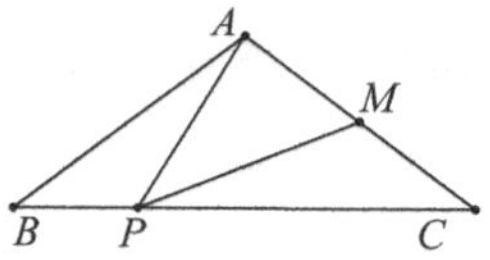

图5

编制方法：通过引入三角函数约束三角形的形状，通过放开点P的约束构造开放的思考空间，通过在结论中引入函数概念给出运动规律的研究课题.

评析：此题的创新编制策略是在“一线（线段BC）三等角（$\angle APM=\angle B=\angle C$）模型”背景下，包含了$\triangle ABP\backsim\triangle PCM$这个结论，并将相似三角形的判定与性质定理、锐角三角比和直角三角形存在性知识融合起来.第（1）小题注重考查学生论证两角相等的能力；第（2）小题注重考查学生在比例线段的基础上寻找函数解析式的能力，同时也设置一个障碍，综合考查了学生运用锐角三角比知识求解线段BC的能力，更加体现出初中教材中设置锐角三角比的功能地位；第（3）小题考查学生的空间想象能力，一题多图、一题多解，如图6和图7即画出了合适的图形，学生解决的方法也可以多变，最优化的解法为利用“一线三等角”，考查了学生对于锐角三角比定义的理解，提高了此题的密度（知识点的容量）.

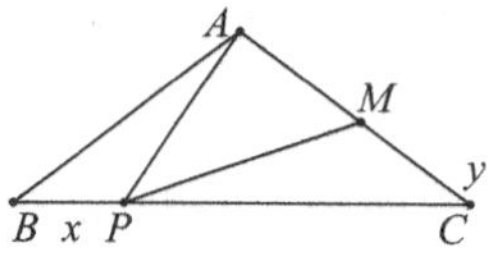

图6

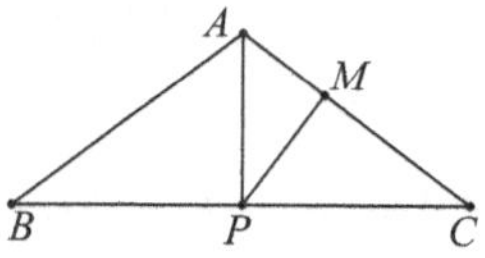

图7

二、改变图形结构，测量学生创新思维的灵活性和深刻性

对习题的基本图形进行变换，如将一般角改为特殊角或将三角形改为四边形、五边形等.破边或破角也是改编或创新试题有效而常见的方式.改编将加深学生对几何基本图形的把握，命题时也注重了“依纲靠本”，同时考查学生运用数学知识的探究性学习能力和知识迁移能力.

【创新3】如图8，在矩形$ABCD$中，$AB=4$，$AD=5$，P是射线BC上的一个动点，作$PE\perp AP$，PE交射线DC于点E，射线AE交射线BC的延长线于点F，设$BP=x$，$CE=y$.

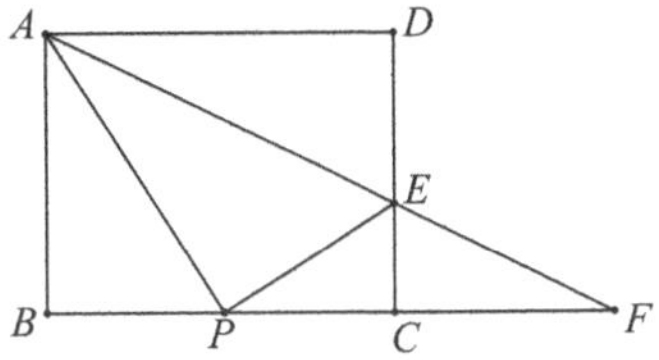

图8

（1）当点P在边BC上时（点P与点B，C都不重合），求y关于x的函数解析式，并写出它的定义域；

（2）当$x=3$时，求CF的长；

（3）当$\tan\angle PAE=\dfrac{1}{2}$时，求$BP$的长.

编制方法：将原题中的三角形改为矩形，引入直角要素，改变问题的几何形态.

评析：此题的创新编制策略是将“一线三等角模型”背景下的底角变换为90°，融合了相似三角形的判定与性质、三角形一边的平行线的性质定理、锐角三角比等知识，考查的压轴点再加入射线条件.其中，通过第（3）小题考查一题多图、一图多解，考查学生思维的灵活性和严谨性.图形的改变给学生不同的几何形象，虽然对于“一线三等角模型”的识别有一定的难度，但能够检测学生的空间想象能力和逻辑推理能力.

【创新3】的第（3）小题主要是通过$\tan\angle PAE=\dfrac{1}{2}$这个条件解决问题的，所以可以把【创新3】中的第（3）小题改为存在性问题，便可以得到如下题目.

【创新4】创新3的条件不变，问$\angle PAE$的正切值能否为$\frac{1}{2}$？如果能够存在，请求出CE的值；如果不存在，请说明理由.

评析：这个问题开放性更强，具有考查学生探究能力的功能.在图形的变换过程中，引导学生探究图形中某些不变的因素，把操作、观察、探求、计算和证明融合在一起.在这类动态几何问题中，锐角三角比作为几何计算的一种工具，其重要作用在中考压轴题中初露头角，凡包含直角三角形的且能用相似形知识来解题的必定能够运用三角比知识解题，所以笔者期望在命题或研究试题时各位同仁引起重视.

【创新5】如图9，已知$AB\perp MN$，垂足为点B，P是射线BN上的一个动点，$AC\perp AP$，$\angle ACP=\angle BAP$，$AB=4$，$BP=x$，$CP=y$，点C到MN的距离为线段CD的长.

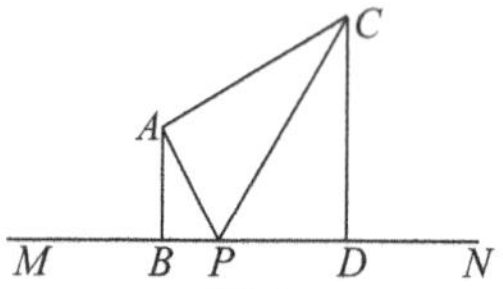

图9

（1）求y关于x的函数解析式，并写出它的定义域.

（2）在点P的运动过程中，点C到MN的距离是否会发生变化？如果发生变化，请用x的代数式表示这段距离；如果不发生变化，请求出这段距离.

（3）如果圆C与直线MN相切，且与以BP为半径的圆P也相切，求$BP:PD$的值.

编制方法：结合【创新3】，将矩形改为部分矩形的形态，打破了矩形的封闭性，使图形更加灵活.

评析：此题的创新编制策略是将一个学生熟悉的图形通过变换改造为学生似曾相识的问题，问题结构具有“起点低，坡度缓，尾巴略翘”的特点.此题设计最出彩的地方是第（2）小题，考查的知识点非常丰富，如图10（2），不仅考查学生将图形补全为基本图形的空间想象能力，融入相似三角形知识点，还试图考查“一线三等角模型”，但又不局限于该模型，如图10（1）、图10（3）、图10（4）等添加不同的辅助线，也可以顺利解决第（2）小题.图10（1）考查学生等腰三角形三线合一性与中位线定理，图10

(3) 考查学生三角形全等与矩形知识，图10 (4) 考查学生对于“两条平行线+角平分线”控制下的等腰三角形模型与中位线定理的融汇.第 (3) 小题将直线与圆、圆与圆的知识融合起来，考查学生对于方程思想的把握和空间想象能力，此题既可以画出图形来解决，又可以直接利用数量关系建立方程，进一步达到提高试题区分度的目的.

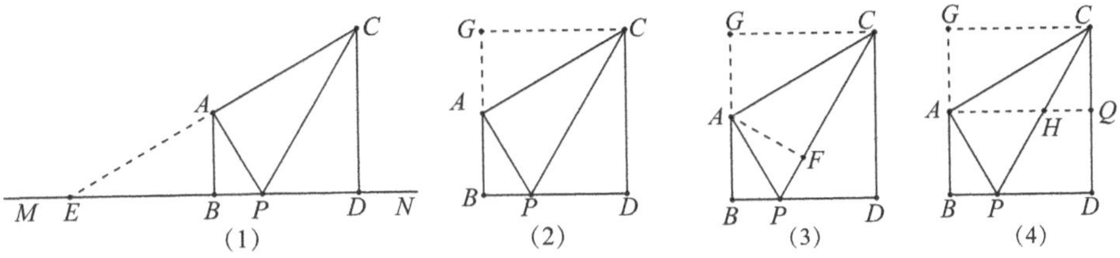

图10

【创新6】如图11，在矩形$ABCD$中，$AB=m$ (m是大于0的常数)，$BC=8$，E为线段BC上的动点 (不与B，C重合)，连接DE，作$EF\perp DE$，EF与线段BA或BA的延长线交于点F，设$CE=x$，$BF=y$.

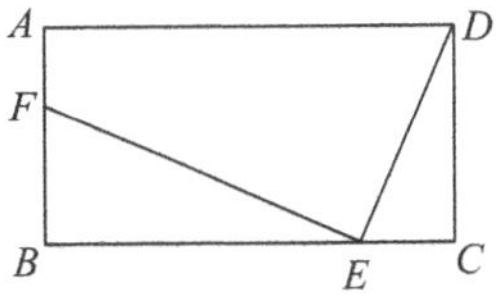

图11

(1) 求y关于x的函数关系式；

(2) 若$m=8$，求x为何值时y有值最大，最大值是多少？

(3) 若$y=\dfrac{12}{m}$，要使$\triangle DEF$为等腰三角形，m的值应为多少？

编制方法：根据问题条件，在结论中引入函数的相关内容，体现数形结合思想.

评析：此题的创新编制策略是在借助矩形这个载体融入“一线三等角模型”背景下，包含了$\triangle ECD\backsim\triangle FBE$这个结论，将相似三角形的判定与性质定理、二次函数和等腰三角形存在性知识融合起来.第 (1) 小题注重考查学生通过论证两角相等、三角形相似来寻找函数解析式，第 (2) 小题注重考查学生寻找二次函数最值的能力，第 (3) 小题考查学生的空间想象能力.在$\triangle FED$中，$\angle FED$是直角，要使$\triangle FED$是等腰三角形，则只能使$EF=ED$，利用方程思想求出线段EC的长度，再代入函数解析式求出函数值m.

教师要充分利用好教材中的素材，因为教材中的例题和习题有极大的典型性和代表性，而且用有限的例题和习题中的基本图形创新出无穷的几何型综合题也属于创造性使用数学教材.数学课程标准和教材中的几何图形是有限的，笔者提出的“一线三等角模型”仅是其中一例，试题研究者要深度思考，充分引申、挖掘几何基本图形蕴含的深层潜力，设计出可以一题多解、结论多变、融会贯通的题目.符合学生认知特点和学生熟悉的数学试题可作为评价教学的一面镜子，达到培养学生创新意识和解决问题能力的目的.同时，优质的数学试题也是一杆标尺，它将引导广大教师更加高效地进行课堂解题教学.

例谈一道课本习题的演绎

纵观近几年来上海中考数学试题，源于课本的题型占了相当大的分量．所以，重视例题教学的同时，更要充分挖掘教材中习题的变式．教材中许多例习题具有典型性、示范性、发散性特点，将其充分挖掘，巧妙变换，有助于培养学生的发散思维，提高教学的有效性．教师这样做，不但与目前命题趋势之“源于课本，高于课本”的原则相符合，还与素质教育“培养学生的创新能力”的要求相吻合．本文笔者以上海教育出版社版初中数学教材八年级上册第94页的一道例题为例，谈谈如何挖掘和发挥课本习题的示范性功能．

【例题】已知：如图1，在$\triangle ABD$中，$AC\perp BD$于点C，$AC=BC$，点E在AC上，且$CE=CD$，连接BE并延长交AD于点F．求证：$BF\perp AD$．

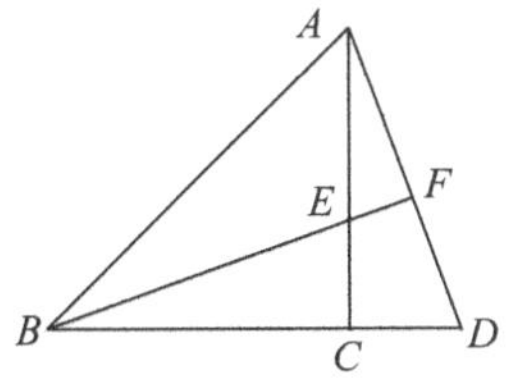

图1

评析：本题作为几何证明举例的一道例题，意在以全等三角形为背景引导学生归纳总结如何证明线段的垂直，也可以说是以旋转为载体，将$Rt\triangle BCE$顺时针旋转90°得到$Rt\triangle ACD$．该题目具有较强的代表性，可以进一步挖掘，以期达到教材的示范性功能．

一、以原图形为基础条件，题设与结论互换形成新命题，研究线段之间的数量关系

常规变式题有条件变换、结论变换、图形变换等，笔者紧扣图形特点，将原命题的一个条件变为结论，同时将原命题的结论变为条件，形成新的命题．

【变式1】已知：如图1，在$\triangle ABD$中，$AC\perp BD$于点C，$AC=BC$，点E在AC上，$BF\perp AD$于点F．求证：$CE=CD$．

评析：本题是在原命题的基础上进行的一种常规变式，进一步分析图形就会发现，$\triangle CAB$和$\triangle CDE$都是等腰直角三角形．进一步抓住这个特点，让两个等腰直角三角形的直角顶点在同一个点C上，将$\mathrm{Rt}\triangle CDE$旋转，形成新的命题，得到以下一系列变式．

二、以原图形为基础，增设或改变条件形成新命题，研究线段之间的位置与数量关系

通过对原命题图形进行改造或者增设条件，形成新的图形，可考查学生的应变能力，同时研究方法可以从特殊到一般，循序渐进考查学生的问题解决能力．

【变式2-1】如图2所示，$\triangle CAB$，$\triangle CDE$为等腰直角三角形，$\angle ACB=\angle ECD=90^{\circ}$，点$D$在$CA$边上，点$E$在$CB$边上，连接$AE$，$BD$，$M$为线段$AE$的中点，连接$CM$，与$BD$交于点$H$．求证：$CM\perp BD$．

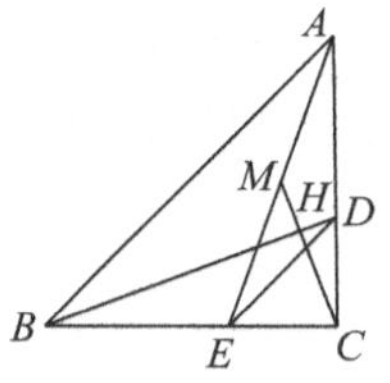

图2

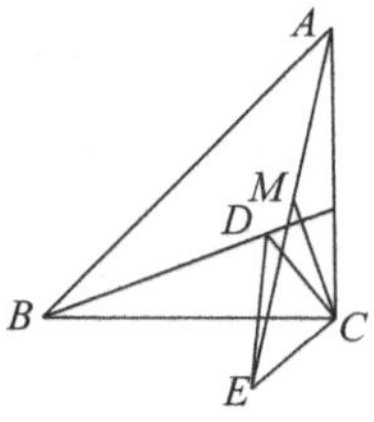

图3

【变式2-2】如图3所示，在图2的基础上，将$\triangle CDE$绕点C逆时针旋

转α（α为锐角），M为线段AE的中点.求：

（1）线段CM与线段BD是否存在某种确定的数量关系？写出并证明你的结论；

（2）$CM\perp BD$是否仍然成立？若成立，请证明；若不成立，请说明理由.

评析：变式2–2紧紧抓住原题中两个等腰直角三角形做文章，注重考查学生论证线段相等与垂直的能力.这两个小题之间也遵循了从特殊到一般的演绎规律，即变式2–1中的Rt△CDE绕点C旋转90°后得到变式2–2.有心的读者可以自己试着思考一下，将变式2–2中的条件“α为锐角”去掉，命题依然成立.变式2–2设计注重考查三角形全等、直角三角形的性质等知识点，要完全解决本题：一是需要抓住M点是线段AC的中点，采用倍长中线的方法构造全等三角形，二是思考如何证明$\angle DBC=\angle MAC$.

三、保证直角顶点重合形成新命题，研究线段之间的位置与数量关系

将图1中的一部分图形进行位置变换，形成新图形及新命题，有利于全面考查学生的学习能力，提升学生的观察、猜想及论证能力.所以在上述变化的基础上，考虑位置变换，首先将等腰直角三角形的顶点D放在线段AB或AB的延长线上进行研究，形成新的命题.

【变式3–1】在△ABC中，$AC=BC$，$\angle BCA=90°$，点D为线段AB或AB的延长线上一动点，连接CD，以CD为一边且在AC的左侧作等腰Rt△CDE.请解答下列问题：

（1）如图4，当点D在线段AB上时（与点B不重合），线段BE，AD之间的位置关系为________，数量关系为________.

（2）如图5，当点D在线段AB的延长线上时，线段BE，AD之间的位置关系为________，数量关系为________.

请在上面（1）（2）两个结论中任选一个说明理由.

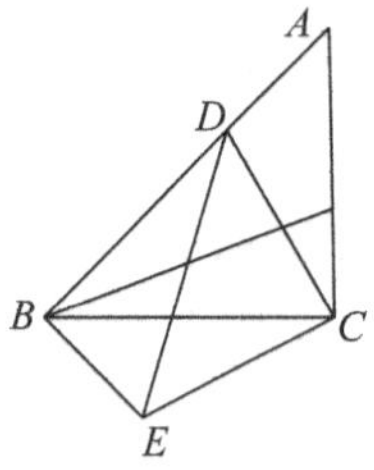

图4

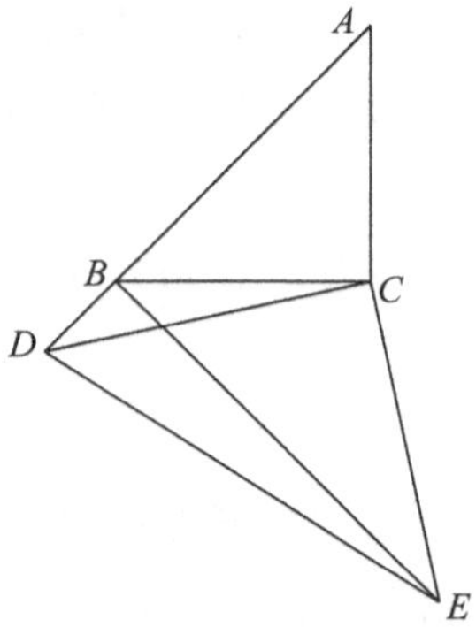

图5

评析：两题答案为（1）$BE\perp BD$，$AD=BE$；（2）$BE\perp BD$，$AD=BE$. 证明略. 本题仍然在旋转图形的基础上探究全等三角形的性质，即全等三角形对应的边角元素相等. 如果将上题的条件“$AB=AC$，$\angle BAC=90°$”去掉，添加条件“$\angle CBA=45°$”，题目的探究性能进一步提高，可综合考查学生的空间想象能力和问题解决能力.

【变式3-2】在变式3-1的基础上，如果$AC\neq BC$，$\angle BCA\neq 90°$，$\angle ABC=45°$，点D在线段AB上运动，BE与AD又有怎样的位置关系（点B，E重合除外）？请画出相应图形，并说明理由.

评析：我们只需在图形中利用好$\angle ABC=45°$及以BC边构造等腰直角$\triangle BCM$，即可以将本题划归到变式3-1，从而获得BE和AD的位置关系为垂直.

我们提炼上述习题的本质，形成以下两个真命题：

命题1：如果一个图形中存在两个有公共直角顶点的等腰直角三角形，那么该图形可以看成是一个三角形绕它的一个顶点旋转90°获得.

命题2：如果一个三角形绕它的一个顶点旋转90°，那么将存在以该顶点上的两条边为直角边的两个等腰直角三角形.

四、移花接木继续形成新命题，研究线段之间的位置与数量关系

下面我们将继续考虑位置变换，将小等腰直角三角形的直角顶点放在斜边AB的中点处，或将锐角顶点重合在一起进行旋转变换，然后研究线段之间的位置与数量关系，形成新的命题.

【变式4】已知$\triangle ABC$中，$AC=BC$，$\angle ACB=90^\circ$，$Rt\triangle FDE$的直角顶点F与边AB的中点重合，将等腰$Rt\triangle FDE$逆时针方向旋转.

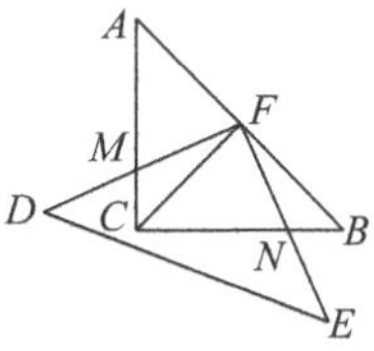

图6

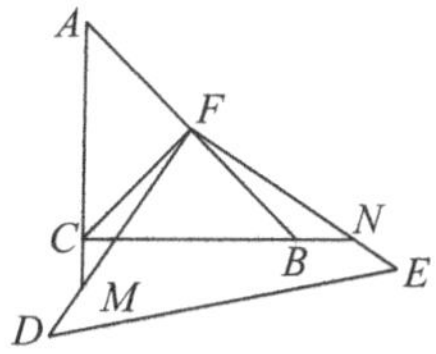

图7

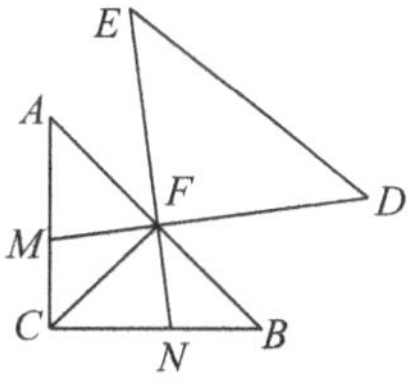

图8

（1）如图6，DF交AC于点M，EF交BC于点N，证明：$DM=EN$.

（2）继续旋转图形至图7的位置，延长AC交DF于点M，延长CB交EF于点N.问$DM=EN$是否仍然成立？若成立，请给出证明；若不成立，请说明理由.

（3）继续旋转图形至图8的位置，延长EF交BC于点N，延长DF交AC于点M.问$DM=EN$是否仍然成立？请写出结论，不用证明.

【变式5】有两个大小不等的等腰$Rt\triangle ABC$和$Rt\triangle AED$，其中点C，E分别为直角顶点，点F为线段BD的中点，连接CF，EF.

（1）如图9，当A，D，B三点在同一直线上，则CF和EF的位置和数量关系是什么？

（2）如图10，将$\triangle AED$绕A点顺时针旋转α（α为锐角），其他条件不变，则CF和EF的位置和数量关系是什么？

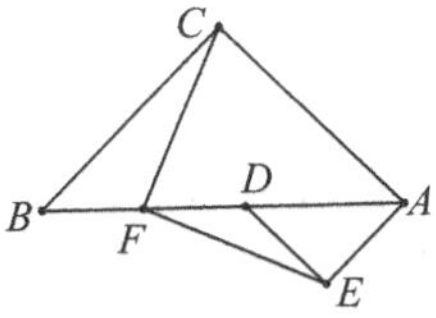

图9

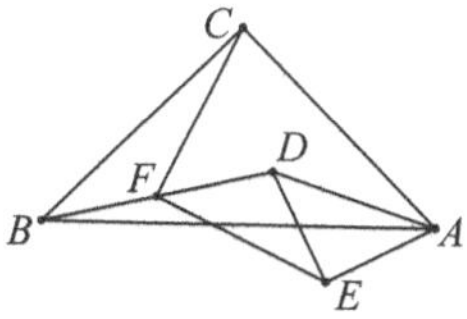

图10

评析：变式4还是比较常规的，证明$\triangle CMF\cong\triangle BNF$便可发现结论.图形运动过程中，数量与位置关系是不变的，题目条件弱化为“$\angle DFE=90°$”就可以顺利求解.对于变式5，学生容易得出结论“$CF\perp EF$，$CF=EF$”，这里证明过程略.对于变式4或变式5，其证明过程辅助效果图分别如图11和图12所示.

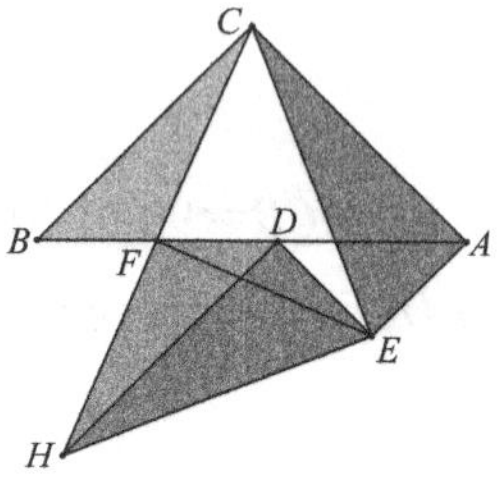

图11

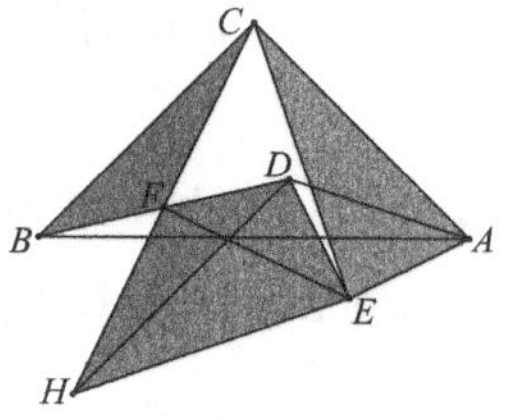

图12

那么学生论证本题的障碍在哪里呢？学生需要融合辅助线的添加技巧和旋转型图形的特点：首先辅助线的添加可以考查倍长中线也可以考查平行线的添加，其次会发现证明“$\triangle ACE\cong\triangle DHE$”始终缺一个条件，此时可引导学生逐步发现必须先证明“$\angle CAE=\angle HDE$”.这个证明需要通过逐步等量代换获得，有一定难度，所以本题是一道区分度较好的习题.

五、从四边形角度研究线段之间的位置与数量关系

保持图形不变，添加条件，我们继续探究变式2-1，将凹凸性的中点四边形融合进来，还可以发现其他很多有研究价值的结论，从而形成一系列新的命题.

【变式6-1】已知：如图13，$\triangle ABC$和$\triangle ADE$都是等腰直角三角形，点D，E分别是AB，AC上的点，点F，G，H，P分别为边BE，BC，CD，DE的中点，连接FG，GH，HP，PF.求证：四边形$FGHP$是正方形.

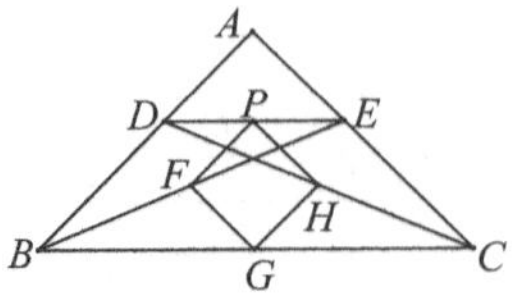

图13

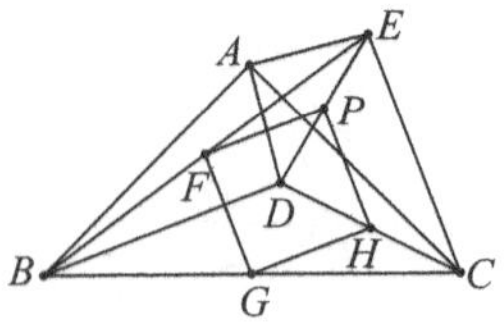

图14

【变式6–2】在其他条件都不变的前提下，若点D不在AB上，如图14，四边形$FGHP$还是正方形吗？若是，请证明；若不是，请说明理由．

【变式6–3】在其他条件都不变的前提下，若点D不在AB上（如图15），且$\triangle ABC$和$\triangle ADE$都不是等腰直角三角形，探究四边形$FGHP$是什么特殊四边形？并说明理由．

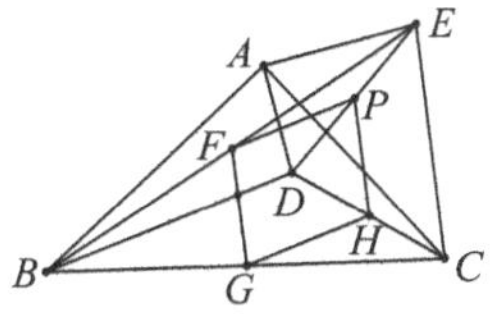

图15

【变式6–4】在变式6–3的前提下，补充条件使得四边形$FGHP$为矩形？请画出图形并说明理由．

评析：这一组变式仍然遵循这个真命题：任意四边形的中点四边形为平行四边形，原四边形的对角线相等时中点四边形为矩形，原四边形的对角线垂直时中点四边形为菱形，原四边形的对角线垂直且相等时中点四边形为正方形．正是有上述真命题作保证才能够设计出变式6–1至变式6–4系列，尤其是变式6–4，如图16、图17是最好的例证，而这也是中点四边形的本质所在．这组变式题综合考查了学生中位线的判定性质定理、平行线的性质、平行四边形、矩形、菱形、正方形的判定定理等，题目综合度较高．

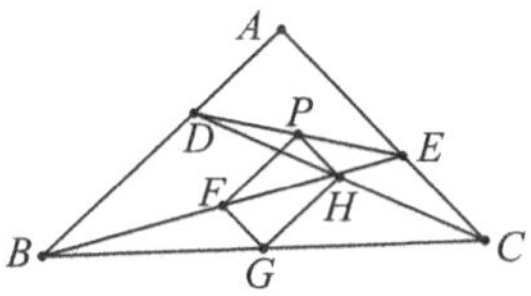

图16

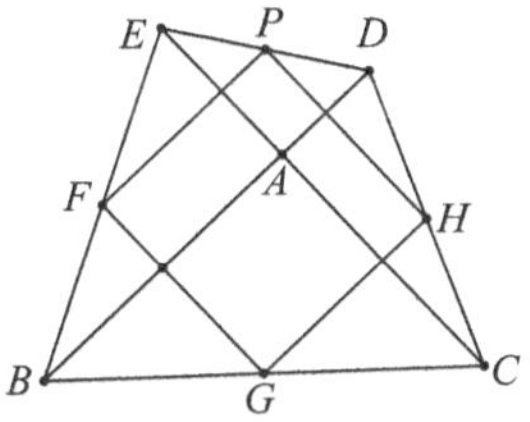

图17

教师要了解和把握上海市中小学数学课程标准、学科特点和教材编写意图，充分利用数学教材资源，重视对课本例习题的挖掘和研究，通过改变教材例习题的背景、变换条件和结论等方式对教材资源进行改编、组合和嫁接，挖掘蕴藏在教材资源中丰富的思想方法和内涵，促进课堂效率的提高和学生思维品质的发展．源于教材的习题起点较低，让学生感觉亲切，比较容易下手，所以高于教材的习题在低起点的前提下更容易考查学生的问题解决能力．

初中数学解题教学的实践研究

一、数学解题教学中的问题

学习数学离不开解题，解题教学是数学教学的重要组成部分.我们知道一些数学教师为了达到快速提升学生解题能力的目的，采用程序化、模式化、套路化的教学方式进行教学，具体表现为题组式教学模式和启发式教学模式.

（一）题组式教学模式

采用题组式教学模式的教师属于成熟型教师，其教学经验丰富，对于数学解题教学有自己的想法.所以他们备课和上课时能够按照自己的教学内容设定完备的教学目标，进而依据教学内容和教学目标，结合实际学情，将教学内容归纳为各种题型，进行系列变式，形成题组，然后总结题目特征和解题方法，期待学生通过题组式的解题训练来积累和提升解题经验，达到提升解题能力的目的.

（二）启发式教学模式

启发式教学模式是在个人素质较高、能够建构与解构教材的基础上，教师充分预设学生可能遇到的各种障碍及暴露的问题，在上课之前制定完备的教学策略，借助课堂问题的设置，以启发为手段，帮助学生完善数学思维品质的教学模式.在听课过程中，教师启发学生时采用综合法、分析法、综合分析法等帮助学生找到问题的解答方法，整节课堂教学非常流畅.但是课后，通过班级学生的随机交流可以发现，部分学生对于题目的解答过程仍然似懂非懂，足见教学目标达成度不是很高.

题组式教学模式和启发式教学模式虽然是当前数学解题教学中很流行的教学模式，但也值得商榷. 因为这两种教学模式只是表面上帮助学生形成问题解决的一般路径，培养学生的思维. 当真正遇到信度与效度较好的题目时，学生很难采用镶嵌式进行解题，除非他们的思维品质得到培养，问题解决的能力得到提高.

波利亚在《怎样解题》中指出，一个老师如果他用和学生的知识储备相称的题目来激起他们的好奇心，并用一些激励性的问题去帮助他们解答题目，那么他就能培养学生独立思考的兴趣，教给他们某些研究问题的方法.

二、提升数学解题教学实效性的一般路径

罗增儒教授提出了提升学生解题能力的一般路径，即解题教学四部曲：模仿、变式、反思和自觉分析. 这是解题教学的总纲，并非具体的实际的可操作化的路径. 结合自己的教学实践，笔者从教师层面（选编题目和习题讲解）和学生层面（能力分层）展开分析，归纳总结了提升数学解题实效性的一般路径，具体表现为以下方面.

（一）合理设置阶梯，调节思维跨度，积累解题经验

有些数学问题综合性强，数量关系错综复杂，思维跨度过大，给学生解题造成一定困难.有的教师却认为这些数学问题很简单，会因学生答题效果不理想而埋怨学生的解题能力差，显然这是教学时教学预设不足，以致教学效果大打折扣.基于学生的最近发展区，给题目设置阶梯，对学生克服思维障碍有很大的帮助.

【例1】 求$(2+1)(2^2+1)(2^4+1)\cdots(2^{32}+1)+1$的个位数字.

评析：本题有一定的综合性，包含了平方差公式、幂的乘方以及2的正整数次幂的个位数字的规律等知识，还隐含了一个规律：括号内2的指数从左到右是成倍数的.题目看起来简单，但实际上学生做起来困难重重.仔细分析不难发现，学生不能熟练地运用平方差公式，探索2的正整数次幂的个

位数字的规律也存在障碍，需要教师引导.为此，我们将题目进行改编，可以设置以下问题，以此来降低本题的难度.

改编如下：

1.平方差公式运用.

（1）$(a-b)(a+b)(a^2+b^2)=$_________；

（2）$(a-1)(a+1)(a^2+1)(a^4+1)=$_______；

2.填表并总结规律.

幂	2	2^2	2^3	2^4	2^5	…
个位数字						…

（1）2^2的个位数字与2^6的个位数字_____（填“相同”或“不同”）；

（2）2^3的个位数字与2^7的个位数字_____（填“相同”或“不同”）；

（3）2^4的个位数字与2^8的个位数字_____（填“相同”或“不同”）.

3.知识迁移.

求$(2+1)(2^2+1)(2^4+1)\cdots(2^{32}+1)+1$的个位数字.

点评：学生对知识的认识与掌握需要一个过程，教师进行解题教学时切不可急功近利，一味地给学生强化方法与技巧，而是要对学生的学习过程多加研究，让学生变“学会”为“会学”.通过这样的改编，教师给学生设置了一个个台阶，让学生逐步深入，经历探究的过程，最终获得问题的解答.

数学经验蕴涵在数学知识的形成、发展和应用过程中，是数学知识和方法在更高层次上的抽象与概括.如果我们能够合理设置阶梯，帮助学生缩短思维的跨度，就能够帮助学生积累更多的解题经验，提升他们的解题能力.

（二）练在讲之前，讲在关键处

李士奇教授在其著作中写道：“课堂教学中学生的学习首先应以认知主体的身份亲自参与丰富多彩的活动，在与情境的交互作用下，重新组织内部的认知结构，建构起自己对内容、意义的理解.”李士奇的理解建立在做中学的理念基础上，笔者完全赞同该理念对于数学解题教学的指导作业，并且认为解题教学实践的做法是“练在讲之前，讲在关键处”.

“练在讲之前”的目的在于：一是帮助学生找到思维的障碍处；二是帮助教师捕捉学生的思维障碍，以便找到启迪学生思维的方法.

“讲在关键处”的目的在于：一是“先试后学，先学后教，以学定教”，让学生得到真正的启发，而不是以教代学；二是确保能够腾出时间、空间让学生投入到问题的探究之中，让他们真正成为课堂学习的主人；三是教师要反思何谓“关键”，“关键”是针对哪一类型的学生而言的.

【例2】如图1，在正方形$ABCD$中，$AB=2$，P是边BC上的任意一点，E是边BC延长线上一点，连接AP.过点P作$PF\perp AP$，与$\angle DCE$的角平分线CF相交于点F，连接AF，与边CD相交于点G.求证：$AP=FP$.

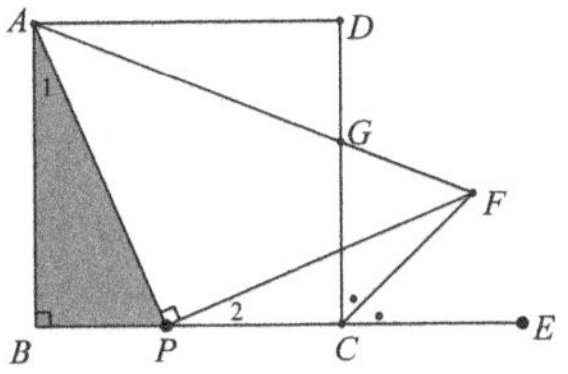

图1

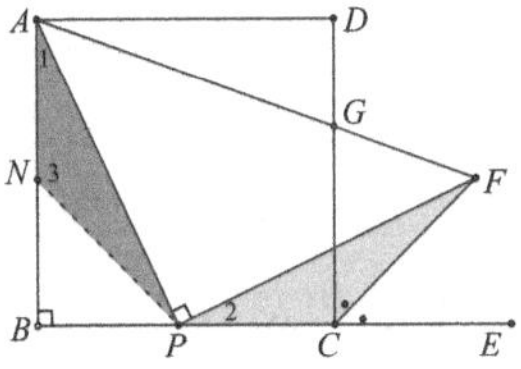

图2

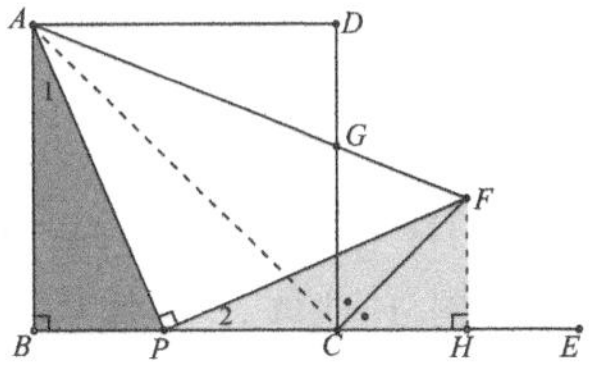

图3

对于本题，学生的解题方法有多种多样，很丰富，所以教师可以借助多媒体手段提高课时教学的容量，让学生将思路和解法完全展示.教师讲解此题的关键是归纳与总结，以起到“多法归一”的功能.

[方法1] 利用一般三角形全等证明.

证明：如图2，在边AB上截取线段AN，使$AN=PC$，连接PN，先证$\angle 1=\angle 2$，$\angle 3=\angle PCF=135^\circ$，可得$\triangle ANP\cong\triangle PCF$，$\therefore AP=PF$.

[方法2] 利用直角三角形全等证明.

证明：过点F作$FH\perp BC$于点H，如图3，易证得$\mathrm{Rt}\triangle ABP\backsim\mathrm{Rt}\triangle PHF$，可得$\dfrac{AB}{BP}=\dfrac{PH}{HF}$.设$CH=a$，则$FH=a$，再设$BP=x$，得方程$\dfrac{2}{x}=\dfrac{2-x+a}{a}$，整理得$x=a$，即$CH=FH=BP$，$\therefore\mathrm{Rt}\triangle ABP\cong\mathrm{Rt}\triangle PHF$，于是$AP=PF$.

这里先证明$\mathrm{Rt}\triangle ABP$和$\mathrm{Rt}\triangle PHF$相似，再证这对直角三角形全等，有山穷水尽再见柳暗花明之感.

[方法3] 利用四点共圆证明.

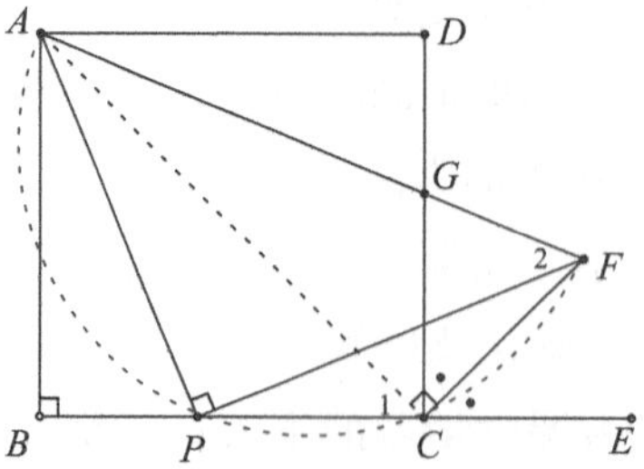

图4

证明：如图4，连接AC. ∵正方形$ABCD$，∴ $\angle 1 = \angle ACD = 45^\circ$. 容易证得$\angle APF = \angle ACF = 90^\circ$，∴$A$，$P$，$C$，$F$四点共圆. ∴$\angle 2 = \angle 1 = 45^\circ$，∴$\triangle APF$为等腰直角三角形，∴$AP = PF$.

比较上面这三种方法，方法1利用一般三角形全等证明，常规易想，是学生要掌握的通法；方法3利用四点共圆证明，证法简便优美，但需要学生拓展知识面；而方法2利用直角三角形全等证明，思维方法独特，证法耐人寻味.

（三）通过“说数学”提升学生解题能力的“三视”

例2的分析、证明方法及反思匠心独具，教师在循循善诱地引导学生解决问题的同时，为学生思考为何这样解决问题提供了一些启示.基于解题方法的不同，教师引导学生思考方法1，2，3之间的差异，真正做到引导学生反思解题过程，优化思维的缜密性和发散性，促进思维能力的升华.

解题犯低级错误，往往是审题“近视”而出现偏差；解法繁杂，常常是解题角度不好而陷入泥塘；无从下手或方法层次不高，往往是没有发现数学问题的本质而局限于表面导致迷雾重重.因此，解数学题要有良好的视力、视角和视野.

（1）视力决定解题的效度，具体表现为看错题或者审题短视，导致对题目理解有误.譬如，学生求解含字母系数的一元二次方程的某个字母的取值范围时，很容易忘记“二次项系数不为零”这个条件或者压根就没想到这个条件.

（2）视角决定解题的深度，具体表现为视角不同，方向不同.方向找好，解题效率便高，速度就快.譬如例1，如果学生能够熟练掌握平方差公式的本质（两个数或式子的和与差的乘积等于这两个数或式子各自的平方的差），那么可以快速获得该题的本质是考查平方差公式的运用.

（3）视野决定解题的高度，具体表现为视野好，站得高，望得远，境界高，解题就会更有深度和高度.譬如《上海市中小学数学课程标准（试行稿）》明确指出：“要理解数学的本质，注重数形之间的联系，通过图象掌握函数、方程与不等式的联系.”

【例3】在矩形$ABCD$中，$AB=3$，$BC=4$，将矩形纸片折叠，使A，C两点重合，若折痕为线段EF，点E在线段AD上，点F在线段BC上，则折痕EF的长度为_______.

在充分备课的基础上，笔者预设了学生可能解题的方向，进而开展了让学生“说数学”的教学实践，具体过程记录如下：

首先，诱导学生绘制规范图形，说出自己的画图方法.

生1：根据题意，折痕应该为线段AC的垂直平分线的一段，画出图形即意味着画出线段AC的垂直平分线.

生2：如图5，我采用尺规作图法，步骤是…….

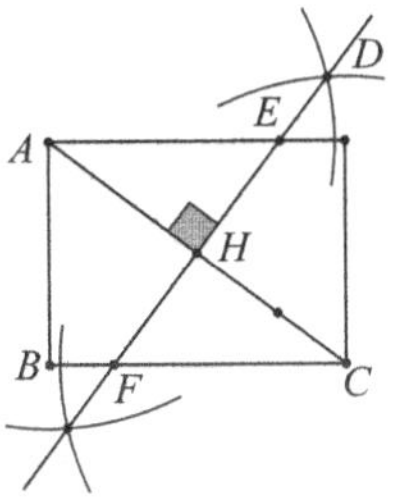

图5

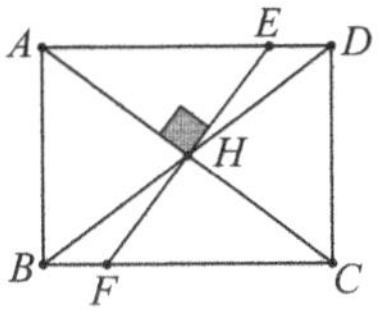

图6

生3：如图6，作出线段AC的垂直平分线，就是先找线段AC的中点，再过AC的中点作垂线.考虑到矩形$ABCD$的性质，对角线互相平分，图中连接BD交AC于点H，过点H作线段AC的垂线段，交AD，BC于点E，F.

其次，诱导学生说自己的解题思路，根据画出的图形找出答案.

师：如何求出折痕EF的长度呢？我们直接求EF的长度，还是先求EH，FH的长度再求和呢？

生4：我采用直接法求线段EF的长度.可以考虑构造一组相似三角形，其中一个三角形包含边EF，即过点F作线段$FM\perp AD$于点M，如图7，易于发现$\triangle MFE$与$\triangle BCA$（$\triangle DAC$）形状相同.能否证明这两个三角形相似呢？容易得到$\angle MFE=\angle DAC=\angle ACB$，还有$\angle FME=\angle ADC=90^\circ$，所以$\triangle MFE\backsim\triangle BCA$，

从而有$\frac{EF}{AC}=\frac{MF}{BC}$，代入数据即可求得$EF=\frac{15}{4}$.

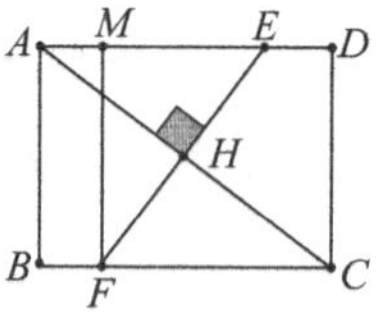

图7

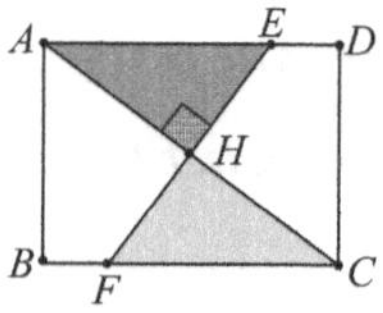

图8

生5：观察图8可以发现，由$AH=CH$可求得$EH=FH$，所以只需要求出EH或FH的长度即可求EF.这里以求线段EH的长为例，可以考虑寻找含有线段EH的成比例线段，即通过平行条件推得比例线段或相似三角形获得比例线段.$EH=FH$是通过线段$AE/\!/CF$获得的，故只能通过论证相似三角形获得成比例线段，由于线段EH只能放在$\triangle AEH$中，所以可以寻找与之对应的相似三角形，这样的三角形不唯一，可以发现$\triangle AEH\backsim\triangle ACD$，获得$\frac{EH}{CD}=\frac{AH}{AD}$，代入数据即求得$EH$的值，从而求得折痕$EF$的长度.

生6：图形中含有较多的直角三角形，我通过锐角的三角比建立等式求解线段的长度.由于线段EH只能放在$\triangle AEH$中，而边AH是容易求得的，所以可以定义$\angle EAH$的正切或余切，即$\tan\angle EAH=\frac{EH}{AH}$.$\angle EAH$的正切值为多少呢？观察图形可以发现，$\angle EAH$也是$\mathrm{Rt}\triangle ADC$中的一个锐角，且$\tan\angle EAH=\frac{CD}{AD}=\frac{3}{4}$，这样我们就可以顺利地求得线段$EH$的长度，从而求得折痕$EF$的长度.

由以上案例可以发现，视力、视角和视野要由近及远、由浅及深.解题教学中，要由低及高、由表及里，思维层次才能不断提高.

苏霍姆林斯基说："教育的技巧并不在于能预见到课堂的所有细节，而在于根据当时的具体情况，巧妙地在学生不知不觉中做出相应的变动."结合自己解题教学的实践，笔者认为要润物细无声地培养学生的"四基".譬如新知课中的解题教学，教师务必要选题经典，给学生搭建合理的阶梯，调节他们的思维跨度，帮助他们巩固"四基"，激发他们学习的积极性；譬如复习课、试卷讲评课中的解题教学，教师务必以学定教，采用合理策略确定师生角色定位，“练在讲之前，讲在关键处”，待所学内容达到一定的熟练程度后，可以适时适度地增加问题的综合性和跨度，培养学生坚强的毅力.无论何种课型，教师一定要注意：学生才是学习的主体，教师务必做好学生学习的引路人.只有真正认清师生关系的定位，认清课改的趋势，才能够将解题教学落到实处，潜移默化中提升学生问题解决的能力.

课例与案例

研究数学教学，就是要加强反思自己的课堂教学实践过程，撰写教学案例或课例.本部分文章有代数概念课型的新知课教学实录与点评、几何概念课型的新知课教学实录与反思、章节单元复习课的教学实录与反思等.

两点的距离教学实录与点评

一、背景分析

“两点的距离公式”是上海教育出版社版初中数学教材八年级上册几何证明章节中的教学内容.从教材编排体系看，该知识点属于几何方面的内容；从知识点的考查情况看，它主要结合平面直角坐标系的知识来考查.可以说“两点的距离公式”是建立在勾股定理与平面直角坐标系知识的基础上，通过数学建模和合情推理而获得，对于后继知识的学习起着较大的铺垫作用，有利于学生完善对代数与几何知识的融合.

二、教学过程

（一）情境引入

【问题1】如图1，在平面直角坐标系中，有A，B，C三点，请说出点A，B，C的坐标.

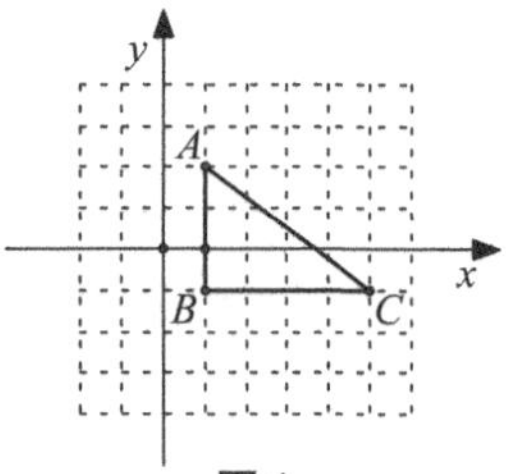

图1

师：如图1，请说出点A，B，C的坐标.

生1：A（1，2），B（1，-1），C（5，-1）.

师：请求出线段AB，BC的长度，并说出理由.

生2：$\because AB//y$轴，$\therefore AB=|2-(-1)|=3$.

$\because CB//x$轴，$\therefore BC=|5-1|=4$.

师：你能求出线段AC的长度吗？并说出理由.

生3：如图1，$\because CB\perp AB$，$\therefore \angle ABC=90^\circ$，由勾股定理得$AC=5$.

小结1：这种求解的过程很好，能否将求线段AC长度的方法在平面直角坐标系中进行推广呢？

师：如图2，你能求出线段DE的长度吗？并说出理由.

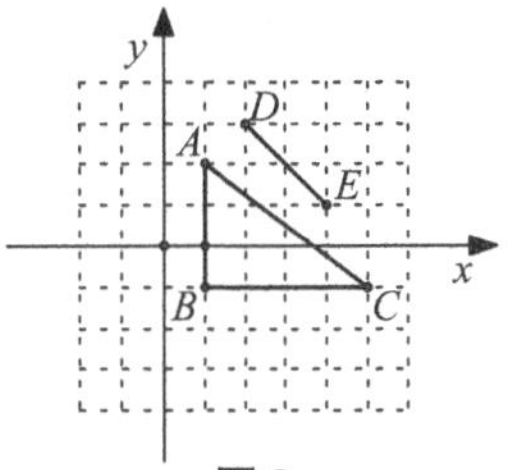

图2

生4：能，构造直角三角形后运用勾股定理求解.

师：怎么构造直角三角形？说出你的方法.

生4：过点E作y轴的平行线，过点D作x轴的平行线，两线相交于点F.找到D，E，F三点的坐标，求出DF，EF，再利用勾股定理就能求出DE.

师：方法正确，大家快速运算一下，DE是多少？

生5：我求出来了，$DE=\sqrt{8}=2\sqrt{2}$.（时间过去约3分钟）

点评：复习引入，从点的坐标的确定，到与坐标轴平行线段长度的求解，最后构造直角三角形求解与坐标轴非平行线段的长度，整个过程条理清晰，学生在初步获得成功的过程中探究了本课新知.

（二）探求新知

【问题2】如果给出A（x_1，y_1），B（x_2，y_2）是平面直角坐标系中任意两点，如何求线段AB的长度？（直线AB不平行于坐标轴）

师：我们如何解决问题2呢？

教师拿出提前给学生准备的材料，四人一小组，交流一下.（时间过去约5分钟）

师：通过交流，我想每组同学都有了自己的想法，现在哪个小组的同学愿意上来跟大家分享一下你们的想法.

生6：我们组采用的方法是过点A作y轴的平行线，过点B作x轴的平行

线，记交点为点C.∵$AC//y$轴，∴A，C点的横坐标相同.∵$BC//x$轴，∴B，C点的纵坐标相同.∴C点坐标为（x_1，y_2）.先求出$AC=|y_1-y_2|$，$BC=|x_1-x_2|$，再由勾股定理，得到$AB^2=AC^2+BC^2$，即$AB=\sqrt{(y_1-y_2)+(x_1-x_2)}$.

师：其他组同意这种解法吗？还有其他解答方法吗？

生（部分）：同意.

生7：我不同意.公式错了，应该是$AB=\sqrt{(y_1-y_2)^2+(x_1-x_2)^2}$，而且他们组的解答过程就是把数字变成字母，和前面的求解方法是一样的.

师：回答得很好（显示公式）.

师：图中的AB不平行于坐标轴，如果AB平行于坐标轴，这个式子还适用吗?

生8：如果$AB//x$轴，则$y_1=y_2$；如果$AB//y$轴，则$x_1=x_2$.所以公式适用.

点评：从学法指导角度说，学生小组合作互助，有利于学生思维的碰撞，加速问题的解决.从教法角度说，这个教学过程体现了从一般到特殊的数学研究方法，先研究一般条件（与坐标轴非平行）下线段长度的求解，再研究特定条件（与坐标轴平行）下线段长度的求解，有效地突破了教学难点.

（三）巩固新知

教师板书，揭示课题：平面直角坐标系中两点的距离公式.（公式略）

小结2：如果$AB//x$轴，此时A，B两点的纵坐标相同，代入后$y_1-y_2=0$，跟前面学习的平行于x轴的直线上两点的距离公式一样.若$AB//y$轴，此时A，B两点的横坐标相同，代入后$x_1-x_2=0$，跟我们前面学习的平行于y轴的直线上两点的距离公式一样.因此，这个式子对平面直角坐标系内任意两点都适用，这就是今天要学习的两点距离公式.

记忆和运用两点的距离公式要注意以下几点：(1) 这个公式是由勾股定理得到的，要符合$\sqrt{(\ )^2+(\ )^2}$（平方和的正的平方根的形式）；(2) 括号里面是横坐标的差和纵坐标的差；(3) 答案如果是最终结果要化为最简的.（时间过去约13分钟）

点评：公式推导出来后，没有直接让学生应用，而是暴露教学意图，充分预设学情，让学生加深对于公式的记忆，以及使用公式过程中如何减少错误的产生.这是二期课程改革的一个发展方向，充分预设学情和教学过程.

【练习1】求下列两点的距离：

（1）点A（4，6）和点B（1，2）；（2）点C（2，3）和点D（5，−2）.

生9、10在黑板上板书过程，其他同学在座位上完成，教师巡视.（约4分钟后点评练习1）

师：两道题做得全对的同学请举手.（30秒后）有两位同学有错误没关系，下课后老师帮助你们完成公式的运用.

点评：让学生板演及练习的目的在于最大限度突出教学重点（熟练地掌握两点的距离公式），为后续例题的顺利解决起到铺垫作用.

【例1】已知直角坐标平面内$\triangle ABC$三个顶点A，B，C的坐标分别为（−1，4），（−4，−2），（2，−5），试判断$\triangle ABC$的形状.

师：下面我们共同阅读这道例题，同时思考怎么解决？

生11：我会运用公式把三边AB，AC，BC的长度计算出来.

生12：我会先把三点的坐标在平面直角坐标系中描出来，再判断$\triangle ABC$的形状.

生13：我认为利用勾股定理看两边的平方和是否等于第三边的平方，判断是否为直角三角形.

生14：不对，应是利用勾股定理的逆定理.

教师板书，求出三条边的长度，$AB=3\sqrt{5}$，$BC=3\sqrt{5}$，$AC=3\sqrt{10}$.

师：$\triangle ABC$的形状是哪种呢？并说出理由.

生15：我认为$\triangle ABC$是等腰三角形，因为$AB=BC$.

生16：不对，我认为$\triangle ABC$是等腰直角三角形.因为除了$AB=BC$外，$AB^2+BC^2=45+45=90$，$AC^2=90$，所以$AB^2+BC^2=AC^2$，所以$\triangle ABC$是直角三角形.

教师板书本例题的解答过程.

师：同桌交流一下，今后做类似习题时，如何判断三角形的形状？解题步骤如何细化？

生17：我们的做法是，首先在平面直角坐标系内描出点的位置，其次求出三条边的长度，最后计算三边的数量关系并判断三角形的形状.

师：总结得很好，本题的处理方法是解决这类习题的一个范本，希望同学们仔细体会例题给我们带来的启示.

点评：师生合作完成本例题，其中教师板书的解题过程有较好的示范功能，可以进一步规范学生对于这类习题的解答过程，同时在巩固公式运用的基础上顺利完成了教学重点的第二点（两点距离公式的简单应用）.一道例题一小结，及时进行解题过程的反思，这样设计教学很好.

师：请看下面的变式训练题.

【变式1-1】已知直角坐标平面内$\triangle ABC$，三个顶点A（4，3），B（1，2），C（3，-4），试判断$\triangle ABC$的形状.

【变式1-2】已知直角坐标平面内$\triangle ABC$，三个顶点A（2，3），B（-2，1），C（0，-1），试判断$\triangle ABC$的形状.

生18、19板书，其他同学学习材料上的题目已完成.教师再次点评本题的解题过程，在巩固公式的基础上迁移例题的示范功能.（只有几个同学没有在规定时间内完成解题过程，时间过去约26分钟）

点评：从听课过程中班级的反馈情况来看，例1的示范功能较明显，教学效果好.对于例1的横向变式，“确定直角坐标平面内的三角形形状”，大部分学生都掌握了判断的方法，再次巩固了两点的距离公式.

师：同学们知识掌握得很好，下面我们一起看下一个例题，注意捕捉题眼，小组讨论，合作互助.

【例2】已知直角坐标平面内的两点分别为A（3，5），B（6，1），若点P在x轴上，且$PA=PB$，求点P的坐标.

师：生20，这道题你是怎么思考的?

生20：过点A作y轴的平行线，再过点B作x轴的平行线，两平行线相交于点C，则点C为（3，1），然后求出AC，BC，再利用勾股定理求出AB.

这时，很多学生举手示意.

生21：我认为她错了.题目是让我们求点P的坐标，不是求AB.

师：很好，同学们读题时一定要看清题意.

生21：我们组认为，根据前面学过的“线段垂直平分线上的点到线段两端点的距离相等”，可作AB的垂直平分线，又因为点P在x轴上，所以点P应是线段AB的垂直平分线与x轴的交点.

师：很好，生21给我们找到了点P的位置，如图3，现在是要求点P的坐标，应如何求呢？点P要满足哪些条件呢？

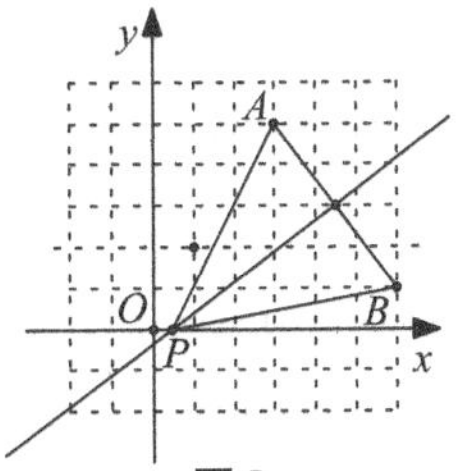

图3

生（全体）：点P在x轴上.

师：我们先研究点P在x轴上，x轴上的点的纵坐标具有怎样的特征？

生（全体）：纵坐标为0.

师：因为点P的纵坐标为0，所以可设点P为（x，0）.横坐标未知，所以点P还要满足一个什么条件？

生（全体）：$PA=PB$.

师：然后怎么去解决？

生22：设未知数，列方程，解方程.

师：很好，下面我们顺着这个思路建立方程，完成解答.

教师板书，学生全体口述：

解：由点P在x轴上，可设点P为$(x,0)$，则$PA=\sqrt{(3-x)^2+(5-0)^2}$，$PB=\sqrt{(6-x)^2+(1-0)^2}$，

又$\because PA=PB$，

$\therefore \sqrt{(3-x)^2+25}=\sqrt{(6-x)^2+1}$.

师：方程两边有根号，怎么办？

生23：可以采用两边同时平方的方法，即$(3-x)^2+25=(6-x)^2+1$.

师：下面动笔，看谁解得又快又准，最快的同学告诉老师答案.

生24：解得$x=\dfrac{1}{2}$，$\therefore$点P的坐标是$\left(\dfrac{1}{2},\ 0\right)$.

师：很好，本题可以归纳为轨迹问题.读完题目后会发现，所求点P的坐标是AB的垂直平分线与x轴的交点.解答这类习题的关键是，先确定所求的点的位置，再设点的坐标，最后利用等式建立方程即可解决.下面再看一道变式题.（时间过去约30分钟）

点评：例2选择在两点的距离公式的应用再次迈开步伐，进行纵向的变化，渗透了方程思想，在问题解决的过程中培养学生对于题目的阅读能力，最后总结了解答本类习题的一般过程：审、设、列、解、答.

【变式2-1】已知直角坐标平面内的两点分别为A（3，5），B（6，1）

若点P在y轴上且$PA=PB$，试确定点P的坐标.

生25：我用上一题的方法解答.因为点P在y轴上，所以点P的横坐标为0，可设P为（0，y），则

$PA=\sqrt{(3-0)^2+(5-y)^2}$，$PB=\sqrt{(6-0)^2+(1-y)^2}$，

$\because PA=PB$，

$\therefore \sqrt{(3-0)^2+(5-y)^2}=\sqrt{(6-0)^2+(1-y)^2}$，

$\therefore y=-\dfrac{3}{8}$，$\therefore$点$P$的坐标是$\left(0,-\dfrac{3}{8}\right)$.

师：很好，解答正确，下面看变式2.

【变式2-2】已知直角坐标平面内的两点分别为A（3，5），B（6，1），若点P在坐标轴上且$PA=PB$，试确定点P的坐标.

生26：点P在坐标轴上，也就是在x轴或y轴上，所以有两种情况.答案是$P\left(\dfrac{1}{2},0\right)$或$\left(0,-\dfrac{3}{8}\right)$.（时间过去约35分钟）

（四）发散思维、能力提升

师：刚才一直在进行条件变式，如果我们继续改变，你还能解决它吗？

【变式2-3】已知直角坐标平面内的两点分别为A（3，5），B（6，1），若点P在x轴上，$\triangle PAB$是等腰三角形，试确定点P的坐标.

【变式2-4】已知直角坐标平面内的两点分别为A（3，5），B（6，1），若点P在坐标轴上，$\triangle PAB$是等腰三角形，试确定点P的坐标.

小组讨论后，教师总结.

师：可以结合已学知识，抓住$\triangle PAB$是等腰三角形这个题眼进行处理：可能会有$PA=PB$或$PA=AB$或$PB=AB$三种情况，每一种情况的解答类似例2.这两个问题作为选做题，同学们下课后完成.（时间过去约38分钟）

点评：例2的四个变式进行了横向和纵向两种变化，主要是条件变式，帮助学生巩固公式的同时发散他们的思维，提升学习能力.

（五）归纳小结、分层作业

师：今天这节课你学到了什么？有哪些收获与体会？

生27：我学到了平面直角坐标系内两点的距离公式.

师：已知平面直角坐标系内两点A（x_1，y_1），B（x_2，y_2），求线段AB长的公式是什么？

生27：$AB=\sqrt{\left(x_1-x_2\right)^2+\left(y_1-y_2\right)^2}$.

生28：我学会了平面直角坐标系内判断三角形的形状.

生29：我学会了平面直角坐标系内根据相关条件确定点的坐标.

师：大家说得都很好，希望大家在解题时要正确使用两点的距离公式.今天的课就上到这里，课后作业必做题是配套练习册第79—80页第1，2，3，4题，选做题是例2的变式2-3和变式2-4.（时间过去约40分钟）

点评：归纳小结让学生充分展示自己的语言表达能力，教师加以适度引导提炼，分层作业较好地体现了《上海市中小学数学课程标准（试行稿）》倡导的让不同层次的学生得到不同程度的发展.

三、教学反思

（一）关于教学预设

如何使用数学教材，每位教师都应该有自己的想法.现代教育教学观认为，现代的课堂教学是帮助学生发现并理解教材中的知识点及编排体系.教师要根据自己班级学生的学情进行预设，编写教案，而且预设要尽可能充分，在进入课堂以后，让学生尽可能参与教学，提高教学的有效性.其实最好的教案是授课以后的重新反思，这是一种映射关系.教学尽管是一门遗憾的艺术，但充分的教学预设可以帮助教师更加合理地掌握教学的动态.从这个角度说，本课是相当成功的，授课教师的教学经验、教学机智得到了淋漓尽致的发挥.

（二）以问题为载体，给学生提供合作交流与探索的空间

美国数学家哈尔莫斯指出，问题是数学的心脏，学生有了问题才会探究，只有主动性地去探究才会有创新、有创造.本节课每个环节的设计与展示都以问题的解决为中心，在问题解决的探究过程中让学生寻找数学规律，通过合情推理形成新知，在例习题的处理过程中让学生巩固知识、拓展升华.

（三）课堂教学细节是提高教学有效性的重要途径之一

叶澜教授指出：“课堂就是实施素质教育的主阵地，课堂教学环节的细化是提高教学有效性的重要途径之一……”授课教师在成功解决“两点的距离公式”推导这个重点后，通过选择一些典型的例习题来发挥教师的主导作用和学生的主体作用，达到逐步突破难点的目的.教师对每道例习题的解决过程都渗透了对学生阅读能力的培养，甚至对每道习题的教学过程进行了程序化的总结，教学有效性作用显著.教师也清晰地发现，在关注学生思维动态、观察不同层次学生在讨论交流中暴露出来的问题、引导他们建立知识体系形成新的生成资源等方面略有欠缺，需要教学经验的逐步积累才能得以解决.

单元教学基础上的教学设计
——以《平行四边形概念及性质（1）》为例

2019年3月12日，章建跃教授在上海市浦东新区建平中学为上海第四期“双名”工程和浦东新区各名师培养基地的数学学员们做了题为《数学核心素养导向的课堂教学变革》的专题报告.于是，笔者联系章教授“四个理解”的核心理念，现撷取《平行四边形概念及性质（1）》的教学设计，分享自己的教学实践经验.

一、教材分析

本节《平行四边形概念及性质（1）》为上海教育出版社版初中数学教材八年级第二十二章的教学内容.从教材体系来说，前面已经系统研究了相交线与平行线、三角形的相关知识，而第二十二章第一、第二节也已经研究了多边形的内角和与外角和等知识，于是本节应研究平行四边形的概念、性质与判定等.从教材编写意图来说，平行四边形、矩形、菱形、正方形等构成了四边形这一章节的一个单元.因此，本课时将研究平行四边形的概念及性质的部分内容，为后续研究矩形、菱形、正方形和梯形等知识做出铺垫.

二、教学过程

章教授的“四个理解”是建立在数学教师具有较好的数学素养和教育素养基础上，能够厘清教材、单元、课时教学之间的关系，在建构和解构数学教材的上重构数学教材.而且，教师不仅仅是教教材，还要能创造性地使用教材.

（一）创设情境，导入新课

师：同学们，你们留意观察过生活中有哪些平行四边形吗？

学生根据自己的生活经验，可能回答：房间门上的图案、活动衣帽架、篱笆墙、地砖上的花纹、阳光透过长方形窗口投在地面上的影子等.

师：生活中平行四边形的应用非常广泛，并不亚于三角形，同学们要认真学习平行四边形的有关知识.下面请同学们欣赏生活中的平行四边形图案，如图1、图2、图3、图4.

图1

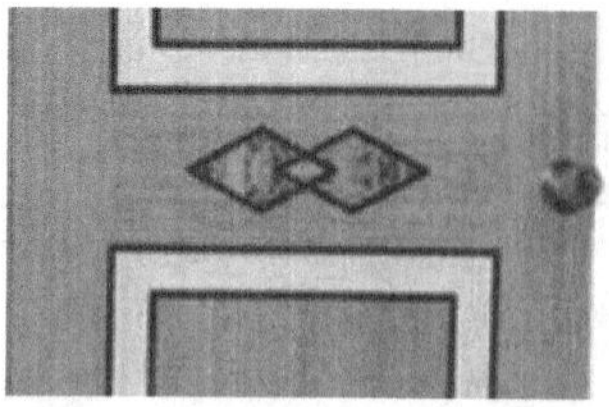

图2

图3

图4

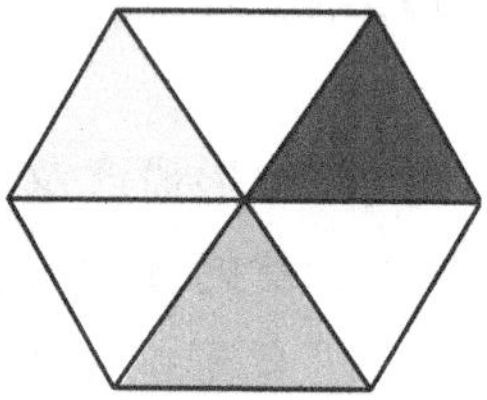

图5

教学设计说明：学生对平行四边形的感性认识越充分，学习平行四边形知识的兴趣越高，课堂上兴起学习高潮，利于接下来的学习探究.

师：拼图中的平行四边形有很多，图5是正六边形的地砖图案，对其进行数学抽象可以发现：它是由六个全等的等边三角形组成，你能得出图5中有多少个平行四边形吗？

生1：6个.

师：对，图5中有6个平行四边形，每相邻的两个等边三角形都能组成一个平行四边形，说明三角形和平行四边形之间有着密切的联系.从本题可以看出，平行四边形与三角形的联系非常密切，我们可以利用三角形的知识来学习平行四边形，探究平行四边形的性质.

（板书：平行四边形的性质）

反思1：本环节的教学设计有两个作用：一是体现数学中的分类讨论思

想，体会解题的规律；二是为下面学习平行四边形的性质，采用连接对角线转化为全等三角形的方法做铺垫.

（二）实践探究，交流新知

1.动手操作.

师：你能利用手中两张全等的三角形纸板拼出四边形吗？

学生活动：同桌二人合作，上黑板拼图，并画出图形.

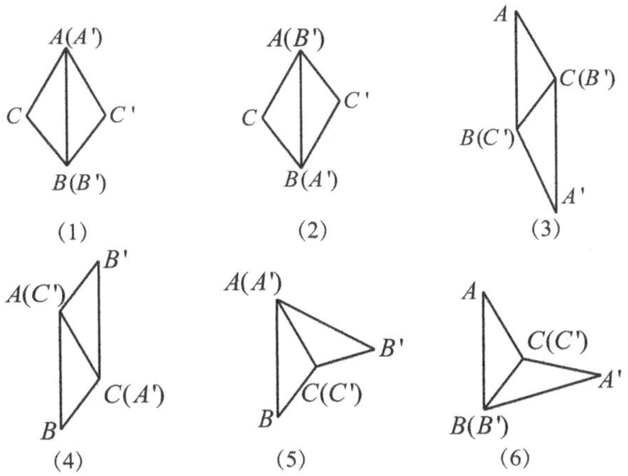

图6

师：在小学里，我们就学习了有两组对边分别平行的四边形叫平行四边形.黑板上展示的图形中（如图6)，哪些是平行四边形呢？

生2：图6（2）、6（3）、6（4）是平行四边形.

师：以图6（2）为例，简单说一说四边形$AC'BC$为什么是平行四边形.

生3：因为$\angle B'A'C' = \angle BAC$，所以$AC \parallel A'C'$，同理$BC \parallel B'C'$.所以根据平行四边形的定义知，四边形$AC'BC$是平行四边形.

师：定义既可以判定一个四边形是不是平行四边形，又能确定平行四边形有两组对边分别平行.

（板书平行四边形的定义）

师：请同学们根据定义画一个平行四边形.

学生活动：动手画图，感悟平行四边形.

老师示范：

（1）画出一组邻边AB，CD.

（2）分别过点D，B作AB，AD的平行线，两平行线相交于点C.

$\therefore$四边形$ABCD$就是所要画的平行四边形（如图7）.

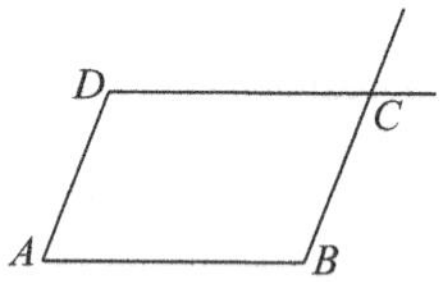

图7

反思2：这里用拼图和画图两个方法，强化学生对平行四边形的感性认识.我们要充分学习平行四边形的定义，概念教学不能图省事，只有把概念学好才能提高学生的解题能力.

师：平行四边形$ABCD$记作$\square ABCD$，称AB，DC为一组对边，DA，BC为另一组对边，$\angle A$，$\angle C$为一组对角，$\angle B$，$\angle D$为另一组对角，线段AC，BD为$\square ABCD$的对角线.

2.开放探究平行四边形的性质.

师：观察$\square ABCD$，构成平行四边形的元素除了四个顶点外，还有四条边和四个内角，除了$AB/\!/CD$，$AD/\!/BC$外，它的边、角之间还有没有其他关系？

学生活动：学生小组合作探究.

生4：我发现在$\square ABCD$中，$AB = CD$，$AD = BC$.

生5：我还发现$\angle A=\angle C$，$\angle B=\angle D$，$\angle A+\angle B =180°$，$\angle B +\angle C =180°$.

师：同学们回答得很好，我们可以按边、角将平行四边形的性质进行归纳梳理.

（板书平行四边形的性质：1.平行四边形的对边相等，2.平行四边形的对角相等.）

师：刚才我们利用学具探究出了平行四边形的性质，请同学们通过说理来验证这两个结论的正确性.

学生活动：学生独立思考、验证，两名学生在黑板上验证.

师：连接平行四边形的对角线是我们常作的辅助线，它构造出两个全等的三角形，从而将四边形的问题转化为熟悉的三角形问题.

小结：（1）平行四边形的性质；（2）我们用不同的方法，从不同的角度，通过实验、说理得到了平行四边形的性质，它为我们得到线段相等、角相等提供了新的方法和依据.

反思3：充分探究平行四边形的性质，通过拼图、猜想、证明进一步强化命题，得出科学的探究方法.

三、教学反思

（一）理解数学

数学教学有两条线，一条是明线即数学知识的教学，一条是暗线即数学思想方法的教学.数学思想方法是学生形成良好认知结构的纽带，是知识转化为能力的桥梁.本课时的明线是从实际情境中抽象数学知识，得到平行四边形的图形和定义，进而从构成平行四边形的边角元素的关系中探究平行四边形的性质；暗线是从学生的现实起点（小学阶段已经学习过平行四边形的画法和定义）出发，引导学生动手操作，经历这个探究过程，得到平行四边形的性质.

（二）理解学生

培养和提升学生的数学核心素养是数学教学的核心目标.譬如在探究平行四边形性质的过程中，教师把教学精力放在诱导学生动手操作、怎样去想、怎样想到、到哪里去找平行四边形的边角关系上，置数学思想方法的运用于探究平行四边形性质的中心位置，从而提高学生的数学能力与综合素质.

（三）理解教材

充分思考教材、单元和课时的关系，结合学生的实际学情，构建生活中使用平行四边形的情境，数学地抽象出平行四边形的概念，给出平行四边形的定义，再借助活动拼接四边形，论证平行四边形，最后从构成平行四边形的边角元素关系探寻平行四边形的性质.单元教学基础上的教学设计可以提高教学的有效性，最大限度地培养学生的数学核心素养.

古人云，“授人以鱼不如授人以渔”，反映到数学课堂教学实践过程中，启发教师以学定教，加强数学教学设计，引导学生经历课堂活动过程.教师要在传授数学知识的同时，让学生感悟数学知识形成过程中蕴含的思想方法，发展和提升学生的数学核心素养，真正实现立德树人的德育目标.

章节复习课教学实录及研讨
——以《正多边形与圆》一章为例

数学课型很多，如新知课、单元复习课、章节复习课等.每节课的课堂教学预设都要在以学定教的前提下进行单元教学设计，合理安排教学环节，提升教学效率.本文拟以上海教育出版社版初中数学教材《正多边形与圆》为例，通过课堂教学实录及个人教学反思、学友点评等，梳理数学章节复习课的教学模式及课堂教学.

一、案例背景

2013年3月26日，上海市第三期“双名”工程中学数学基地二组导师吴卫国先生携全体学员莅临老港中学.笔者作为学员代表，上了一节章节复习课《正多边形与圆》，供全体学员暨教研组数学教师研讨.

二、教学过程

教学预设较为简洁，教学环节分为课前练习和课中探究.

（一）课前训练

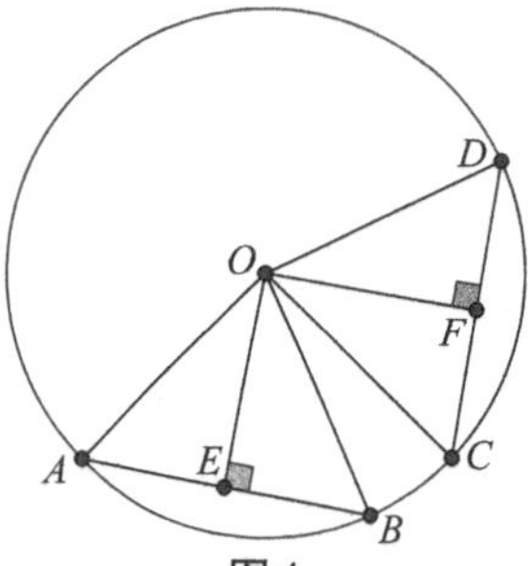

图1

【练习1】如图1，在$\odot O$中，$OE\perp AB$，$OF\perp CD$，$OE=OF$，那么（　　）

（A）$AB=CD$　（B）$AB>CD$

（C）$AB<CD$　（D）$\overset{\frown}{AD}=\overset{\frown}{BC}$

师：本题的答案是什么？请说明理由.

生1：选（A），在同圆中，如果两条弦的弦心距相等，那么这两条弦也相等.

师：回答得很好，这道习题的本质是以“圆的基本性质定理”为背景的，俗称“四等定理”，如图2.同学们请看投影演示.（借助几何画板拖动点P，让同学们再次感悟在同圆或等圆中，圆心角和圆心角所对的弦、弧、弦心距四个量之间的数量关系.）

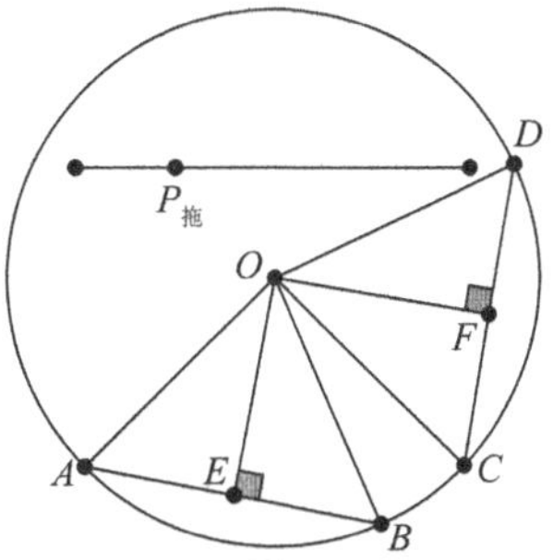

图2

【练习2】如图3，AB为⊙O的直径，弦$CD\perp AB$，垂足为点E，连接OC.若$OC=5$，$CD=8$，则$AE=$________.

师：本题的答案是什么？请说明解题思路.

生2：$AE=2$，根据垂径定理可知$CD=8$，则$CE=DE=4$.在Rt△OCE中，因为$OC=5$，所以$OE=3$.因为$OA=5$，所以$AE=2$.

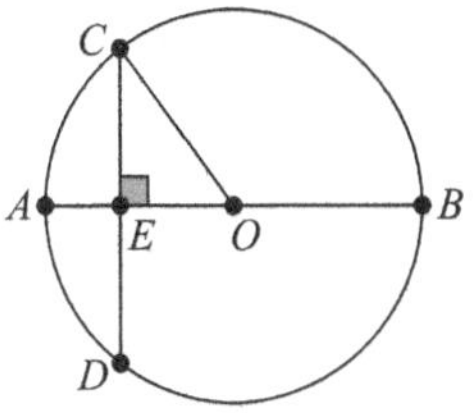

图3

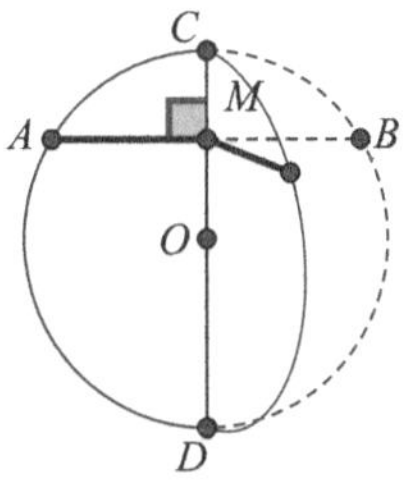

图4

师：回答得很好，同学们要学着紧紧抓住垂径定理、勾股定理来解决问题.图4是垂径定理及推论的演示图，主要是利用等式$\left(\frac{1}{2}AB\right)^2+OM^2=OA^2$建立方程，求出相关线段长度.特别要注意，在推论中有一个反例.

【练习3】⊙O的半径为2 cm，点P到圆心O的距离为$\sqrt{3}$ cm，那么点P在⊙O______（填“上”或“内”或“外”）.

师：本题的答案是什么？请说明解题思路.（请学生回答后再师生共议）

生2：被平分的弦必须是非直径弦.

生3：点P在⊙O内，因为$OP<2$，即点P到圆心的距离小于半径，根据点与圆的数量关系决定了它们的位置关系为点P在⊙O内.

师：思路清晰，点与圆的位置关系如图5，希望同学们细心体会.

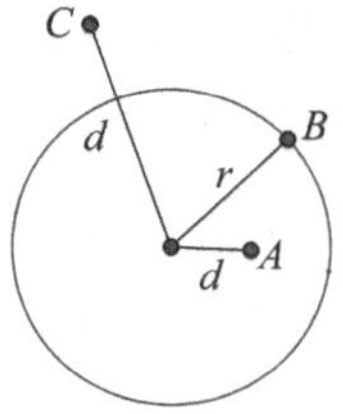

图5

【练习4】⊙O的半径为r，圆心O到直线l的距离为d，如果d=5，r=4，那么直线l与圆O的位置关系是______.（请学生回答后再师生共议）

师：本题的答案是什么？请说明解题思路.

生4：外离，因为d=5>r=4，所以直线l与圆O的位置关系是外离.

生5：我认为他的说法错误，直线与圆的位置关系没有外离，应该是相离，外离是两圆的位置关系.（让同学们同桌交流后小结）

师：同学们在学习过程中一定不要做小马虎呀，第一位同学的思路如同大家所说的完全正确，但是由于概念不清导致混淆，希望我们在以后的学习中汲取经验.直线与圆的位置关系有三种，如图6所示.

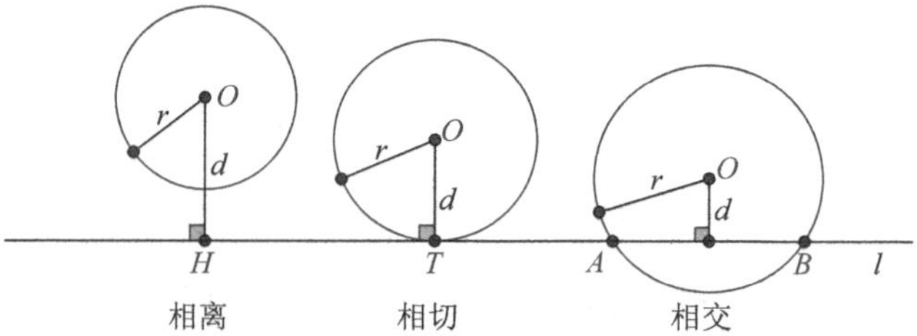

图6

【练习5】若⊙O和⊙O'相切，它们的半径分别为5和3，则圆心距OO'为________.

师：本题的答案是什么？请说明解题思路.（请学生回答后再师生共议）

生6：圆心距OO'为8，因为两圆相切，所以OO'=5+3=8.

生7：圆心距OO'为2，因为两圆相切，所以OO'=5−3=2.

生8：圆心距OO'为2或8，因为两圆相切包括内切与外切两种情况，他们分别回答了外切和内切的情况，所以答案都有欠缺.

师：同学们总结得很好，我们需要注意这些典型的需要分类讨论的习题，要从教材知识点出发，做到不重不漏，两圆位置关系的习题要注意不是将圆心距与半径做比较，而是与半径的和差做比较.请看投影，让我们再次复习圆与圆的位置及数量关系.

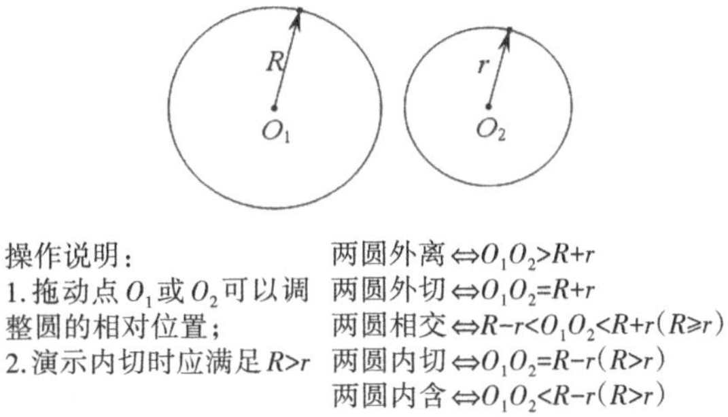

图7

【练习6】正多边形的中心角是36°，则这个正多边形的边数是_____.

师：本题的答案是什么？请说明解题思路.（请学生回答后再师生共议）

生9：这个正多边形的边数是10，因为正n边形的中心角为$\frac{360°}{n}$，所以$\frac{360°}{n}=36°$，求得$n=10$（n为大于2的正整数）.

师：回答得很好，如图8，我们看看关于中心角的演示.在解决相关问题时还要注意，正n边形的一个内角是多少度，一个外角是多少度，它的对称性是怎样的呢？

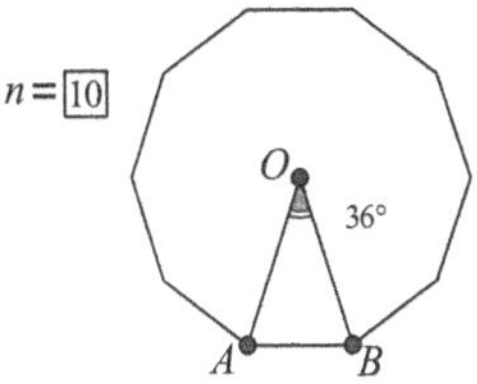

图8

生10：正n边形的外角=中心角=$\frac{360°}{n}$，每个内角=$\frac{(n-2)\times 180°}{n}$.

生11：正n边形都是轴对称图形，有n条对称轴（n为大于2的正整数），只有正$2n$边形才是中心对称图形.

（二）课中探究

【例1】已知：如图9，⊙O的两条弦AB和CD相交于点P，且$AB=CD$.

求证：OP平分$\angle APD$.

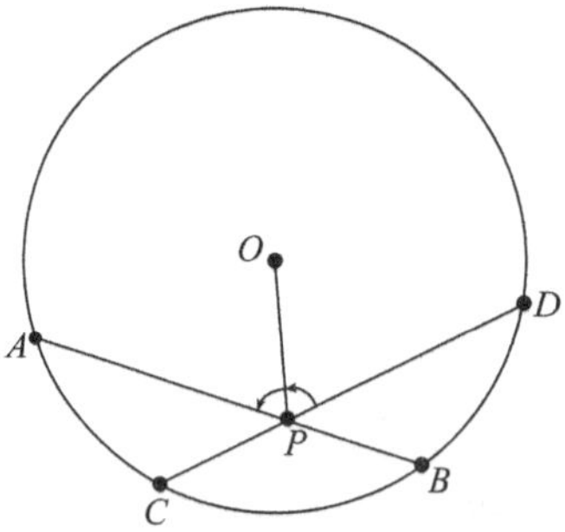

图9

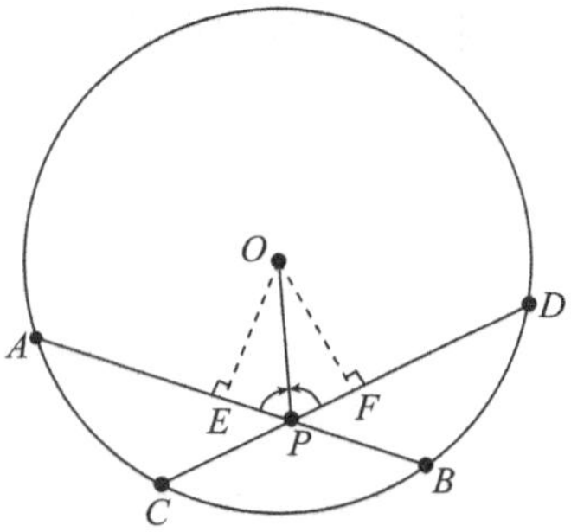

图10

师：如何证明OP平分$\angle APD$.请一位同学上黑板板书，其余同学下面自己练习，完成后，同桌互相检查.

生12板书：过圆心O，作$OE\perp AB$于点E，$OF\perp CD$于点F.如图10，则OE，OF为弦AB，CD的弦心距，$\angle OEP=\angle OFP=90°$.$\because AB=CD$，$\therefore OE=OF$，$\because OP=OP$，$\therefore \triangle OEP\cong\triangle OFP$，$\therefore \angle OPE=\angle OPF$，即$OP$平分$\angle APD$.

师：该同学证明思路清晰，论证过程合理，但过程能否进一步优化呢？提出自己的看法.

生13：我认为$\triangle OEP\cong\triangle OFP$可以省略，直接使用角平分线定理的逆定理即可证明$OP$平分$\angle APD$，$\because OE=OF$，$\angle OEP=\angle OFP=90°$，$\therefore OP$平分$\angle APD$.

师：优化步骤合理，该同学表现很好，那么在原图中你还能找到相等的线段、相等的劣弧吗？

这一阶段，教师帮学生巩固基础的同时逐步进行变式拓展.

【变式1】题设不变，你还能在例1中找到相等的线段、相等的劣弧吗？

生14：$\overset{\frown}{AB}=\overset{\frown}{CD}$，$\overset{\frown}{AC}=\overset{\frown}{BD}$，$AP=DP$，$BP=CP$.

师：同学们回答得很好，你可以简洁说明论证过程吗？

生14：利用四等定理可以得到$\overset{\frown}{AB}=\overset{\frown}{CD}$，利用等式性质同时减去$\overset{\frown}{CB}$，得到$\overset{\frown}{AC}=\overset{\frown}{BD}$……

师：继续呀！

生14：其他的我是看出来的，蒙的.

师：给他的勇敢来点掌声，孩子你不会做，但是你敢于猜也是一种能力，你的猜测完全正确，有同学可以证明他的猜测吗？

生15：连接AC，BC，BD，如图11，可以得到$AC=BD$，从而证明

$\triangle ABC \cong \triangle DCB$，$\therefore \angle ABC=\angle DCB$，$\therefore PC=PB$，$\therefore PA=PD$.

师：思路清晰，接下来老师还有一个问题，请看变式2.

【变式2】题设不变，如图11，如果连接 AC，BC，BD，你能找到几组全等三角形和等腰三角形？

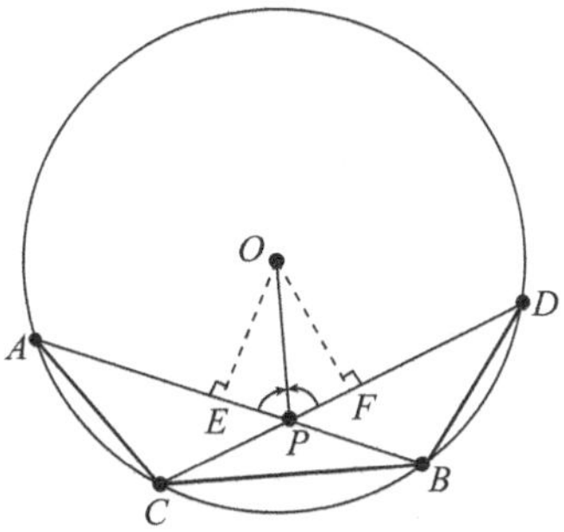

图11

在刚才讨论的基础上，学生的积极性逐步提高.

生16：找到3组全等三角形，有 $\triangle ABC \cong \triangle DCB$，$\triangle APC \cong \triangle DPB$，$\triangle OEP \cong \triangle OFP$，1个等腰 $\triangle PBC$.

师：该同学回答正确，请同学们再看下面的变式3.

【变式3】题设不变，如图12，如果连接线段 AC，AD，BD，你能找到几组全等三角形和等腰三角形？请简述思路.

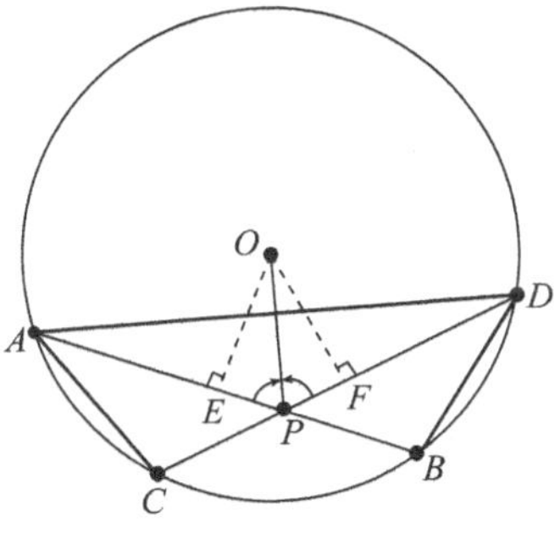

图12

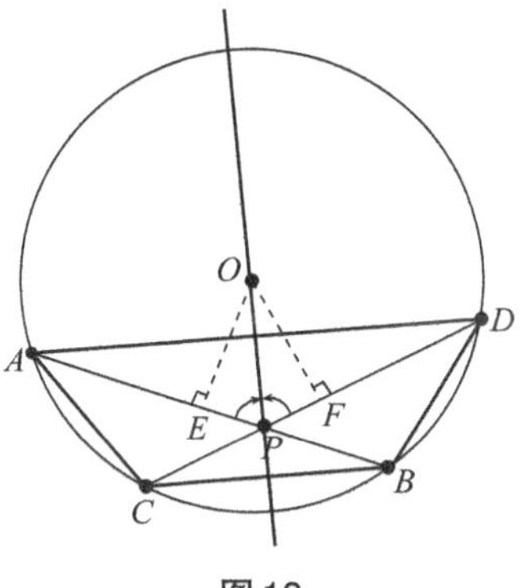

图13

生17：找到3组全等三角形，有 $\triangle ADC \cong \triangle DAB$，$\triangle APC \cong \triangle DPB$，$\triangle OEP \cong \triangle OFP$，1个等腰 $\triangle PAD$.

师：该同学回答正确.为何有这样的结论呢？你能发现这组习题的本质吗?

生18：因为四边形 $ACBD$ 是等腰梯形，理由如下：等腰 $\triangle PAC$、等腰 $\triangle PBC$ 的底角有公共外角 $\angle APC$，$\therefore \angle ADC=\angle DCB$，$\therefore AD /\!/ CB$，$\because AD \neq CB$，$\therefore$ 四边形 $ACBD$ 是等腰梯形.因为它的对称轴与圆的对称轴重合，为同一条直线，如图13，所以有此结论.

师：该同学总结得很好.在题设只有一个条件的前提下，能够有如此多的结论，现在你能够据此编制一道习题吗？

学生编题后师生共同研讨……

三、教学启示

单元复习课难上，章节复习课更是如此.想样样俱到，在40分钟内完全展示出章节的全部易错点和考试内容很难.设计教学预设时，注重通过课前练习题串联章节知识点，构建章节知识体系；通过经典习题及变式教学，凸显正多边形与圆在整个初中数学教材体系中的作用.

（一）教学内容的组织

章节复习课的内容不需要太多，注重以学定教.一份学习单设计只需要两个环节，即课前练习与课中探究.课前练习能够引导学生回顾总结章节知识，课中探究能够引导学生融合本章及以前所学知识，需具备启迪性与发散性.

本课时内容就设计了一份学习单，即6道课前练习题、1道例题及其3个变式题.

（二）教学过程的组织

章节复习课落实学生的主体地位，注重先学后教.建议课前练习题引导学生讲题，让他们说思路、写过程，然后教师给予点评，达到解一题通一类的效果.同时，课中的探究题应加强变式，激活学生的发散思维.

本课时的教学就是最大限度地落实学生的主体地位，以学定教，让学生说数学，激活他们的数学思维，借助课堂主阵地，培养他们的数学核心素养.

（三）教学实践的反思

教学反思的起点是回顾数学教学事件（整个教学过程），反思的目的是寻找亮点（可以是教师表现或者学生表现）.无论回顾数学教学事件还是寻找亮点，总是以教师的个人感悟为前提.因此，教师只有及时梳理、总结与提炼教学实践经验，才能够在后续的教学过程中上好章节复习课.

（四）章节复习课学友点评启示

在后续的研讨活动中，摘取了如下部分学友的点评记录：

学友沈惠华的点评：习题选择典型、合理，能够较好地巩固正多边形与圆各课时的知识点.每道习题的处理都经历了学生讲述解题思路、原理挂靠、对于概念的外延与内涵的剖析与辨析，每个知识点用一个典型例题引出，在复习巩固基础知识点的同时以点带面，教学效果明显.

学友陆飞龙的点评：让学生带着问题学习，培养学生多思善疑的学习精神.本课时的教学老师不失时机地让学生述说解题过程，层层递进，进行诱导性反思，通过思考发现问题，进而解决问题.只有不断地循环这样的认知过程，才能够逐渐培养学生的思维能力.

学友孙振飞的点评：奥苏泊尔的“接受学习”是学生通过教师呈现材料来掌握现成知识的学习方式，而布鲁纳的“发现学习”是学生通过自己的再发现知识形成并发展探究性思维的一种学习方式.本课时内容融合了两种教学方式.课前练习1的学生讲题活动落实了学生的主体地位，完美地呈现布鲁纳的“发现学习”，有利于培养学生的数学核心素养.课中探究活动则是奥苏泊尔的“接受学习”与布鲁纳的“发现学习”的完美结合，师生互动，将初中数学教材中的核心知识，如三角形、四边形和圆融会贯通在一起.这样的教学设计，让接受性学习与发散性学习并重，真正做到以学生的发展为本，有利于提升学生的数学核心素养.

《三角形的三边关系》难点突破之二次教改实录

《上海市中小学数学课程标准（试行稿）》提出：数学教学活动必须建立在学生的认知发展水平和已有的生活经验基础之上，教师应帮助他们在自主探索的过程中真正理解和掌握基本的数学知识与技能、数学思想和方法，获得广泛的数学活动经验．学生是数学学习的主人，教师是数学学习的组织者、引导者与合作者，因此，笔者在教学《三角形的三边关系》时，从学情出发，采用了学生自主实验、探索、发现规律的方法．本文记录了部分课堂教学预设及授课过程中学生的课堂反映情况，以期与各位同行探讨以学定教在数学教学中的运用．

一、基于学情出发的二次教学过程设计及课堂教学记录

如何让学生充分认识三角形的三边关系？在《三角形的三边关系》的备课设计中，笔者不断思考这个问题．由于刚学习了用直尺和圆规作三角形的方法，所以笔者认为让学生动手画图、探索、对比、发现规律是一个最佳的引入方式．

（一）第一次教学过程的教学设计记录

1.认真画一画．

教学设计如下：

根据下列所给的条件，画出三角形．

（1）已知三条线段分别为6 cm，3 cm，4 cm，画$\triangle ABC$，使得BC=6 cm，AC=3 cm，AB=4 cm；

（2）已知三条线段分别为6 cm，3 cm，1 cm，画$\triangle DEF$，使得DE=6 cm，DF=3 cm，EF=1 cm；

（3）思考：从上面的画图中，你能发现什么问题？为什么？

实际教学过程记录1：学生提前学习了用直尺和圆规作三角形的方法，所以绝大多数学生能正确地画出符合第一个条件的三角形.学生在画第二个三角形时发现，根本没办法画出满足条件的三角形.至此，同学们开始讨论，课堂里逐渐出现争议的声音，这与教学预设相同.此时按照原定预设，引导学生讨论：为什么依据条件（1）可以画出三角形，而依据条件（2）却画不出三角形？是否任意三条线段都可以构成一个三角形？这个环节告诉我们，为什么要讨论三角形三边关系.此时，教学过程顺利地从学生的实际学习困难出发，过渡到下一个环节.

2.耐心量一量，细心想一想.

引导学生思考：满足什么条件的三条线段一定可以构成一个三角形？为了解决这一个问题，先让学生动手回答下列问题，并以小组为单位分析、讨论，总结规律.

教学设计如下：

（1）探索：

①如图1，请量出三角形三条边的长，并填写：

BC=____cm，AC=____cm，AB=____cm.

②计算：$BC+AC$=____，$BC+AB$=____，

$AB+AC$=____.

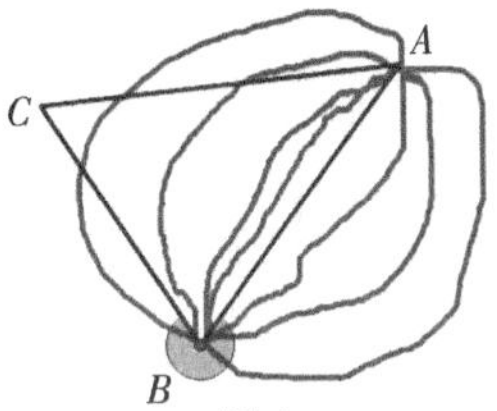

图1

③比较：$BC+AC$_____AB（填“>”或“<”），$BC+AB$_____AC（填“>”或“<”），$AB+AC$____BC（填“>”或“<”）.

（2）思考：你发现什么规律？能否用语言描述该规律？

实际教学过程记录2：引导学生度量线段并比较后，小组讨论，学生的争议逐渐减少，基本能够达成一致想法，从数量上发现三角形三边的关系，但是讨论的声音还是没有完全结束.有学生提出，能看出结论，但是如何说明理由呢？（这里完全符合从学生的实情出发进行的预设，囿于他们的年龄特点，他们还处于实验状态，或许能看得出来结论，但是说不明白原因.）教师引导学生回归教材，思考：任意两个固定点A，B之间的最短距离为多长？如图1，让学生再次感受并利用“两点之间线段最短”的知识，理解“三角形任何两边之和都大于第三边”，顺利突破教学难点.

（二）第二次教学过程的教学设计记录

及时反思能促进教师教学能力的提高，一个自认为预设完美的教学设计是否适合所有的学生，这是教师必须思考的问题.

本节课第一次教学设计的优点在于：学生自主动手探索，对什么条件下的三条线段不能构成三角形印象深刻，学生学习的积极性调动起来了.但是，如果后进生尺规作图掌握得不好或还没有学会，那么所给的三角形就无法正确画出，无法从中找到规律，教学可能因此受到影响.如何解决这个问题，在教学后针对个别学生出现的情况，笔者在另一个班的教学中对此部分教学设计进行了如下修改.

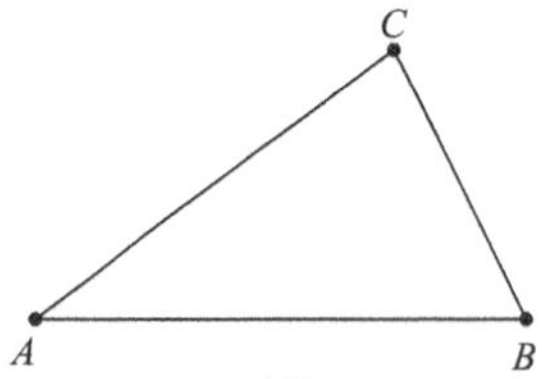

图2

（1）问题：如图2，现A，B，C三地分别有栋建筑，我们将其抽象为三个点A，B，C.问从A地到B地有几种走法，哪一种走法的距离最短？

请将你的设计方案填写在表1中.

表1　设计方案

路线	$A \to B$	$A \to C \to B$
距离		
比较		

（2）思考：你发现三角形的三边长度有什么关系？

（3）结论：三角形的__________.

（4）用式子表示：$BC+AC$____AB（填“>”或“<”）；

$BC+AB$____AC（填“>”或“<”）；

$AB+AC$____BC（填“>”或“<”）.

实际教学过程记录3：修改后的教学设计是学生较熟悉的问题，学生容易接受，课堂反映效果较好，能利用已学的“两点之间线段最短”知识较快地总结出三角形三边的关系，为后面的教学赢得了时间，同时突出了本节课的难点——如何认识三角形的三边关系.

二、基于学情的二次教学实践后反思

本课立足于如何在学生既有知识体系下帮助学生破解“三角形任何两边之和都大于第三边”这一教学难点，精心设计教学过程.纵观整节课，学生学习积极主动，能在操作、交流、动脑、动口的探究性学习中建立概念、理解概念和应用概念.

（一）让学生暴露问题，直接引出难点

在教学设计中，根据所给条件画出三角形中的第（2）小题，即“已知三条线段分别为6 cm，3 cm，1 cm，画$\triangle DEF$，使得$DE=6$ cm，$DF=3$ cm，$EF=1$ cm”，事实上学生画不出满足条件的三角形，从而引起他们的思考和讨论，调动起学习的积极性，为突破教学难点打下基础.

（二）设置更加合理高效的问题情境，快速突破难点

“二次教学更新设计引入的问题情境”，其目的是帮助学生快速突破本课时的学习难点，教学中引导学生以小组为单位就此问题进行讨论：哪一种走法的距离最近？明确给出判断三条线段是否能构成三角形的方法.由于搭建了“脚手架”，学生基本能独立完成，并明确此类问题的解题格式.而且教师通过巡视及时发现问题，帮助学习困难的学生解决问题，这样师生双方始终保持信息畅通，达到教学同步.

（三）在遗憾与喜悦中，与学生共成长

教学永远是一门遗憾的艺术，需要我们不断尝试，新课程标准指引下的课堂教学也不例外.受各种教学思想、教学理念的冲击，对于任何一堂课的课后反思，教师总会有一些不足和遗憾.也正是因为这份遗憾，才促使我们的教学逐渐走向成熟，更好地进行素质教育，与此同时教学艺术的水平也在不断解决不足和遗憾的过程中得到提升.

实践证明，教学中只要教师转变观念，设计合理，组织得当，正确地引导学生自主探索，充分激发和调动起学生学习的积极性和主动性，就可以获得理想的教学效果.

核心素养与教学设计

上海教育出版社版初中数学教材中的拓展内容有数学游戏、实践活动、阅读材料、探究活动等，合计50份.如何基于数学教材中的拓展内容引导学生展开研究性学习，提升学生的数学核心素养，值得我们教师持续思考和实践.上述研究性学习素材的设置兼顾了教材课时分布和学生认知，笔者选取《圆与正多边形》一章的阅读材料和拓展，撰写了如下两篇指向数学核心素养的教学设计，供数学同仁斧正.

圆与正多边形（1）

——人民币上的图案

一、教学目标

1. 认知目标：掌握正多边形各个几何元素的定量关系，实践正多边形的近似作图法.

2. 能力目标：数形结合的能力——几何问题的代数化处理；数据处理的能力——近似解法的设计与分析.

3. 育人目标：体验“科技以人为本”的理念，认识到以理性精神为主的实践探索也需要时刻牢记人文关怀.

二、教学重点

掌握正多边形的精确作图与近似作图的方法；培养学生主动参与、集思广益、合作探究的精神.

三、教学难点

寻找尺规作图的方案或否定其存在性；掌握近似解法中数据的收集与处理方法.

四、教学过程

（一）情境与问题

二十世纪八十年代发行的第四套人民币包含一角、五角和一元三种常用硬币，其背面图案分别为菊花、梅花和牡丹，被合称为“老三花”. 其中一角硬币的表面有一种特别的设计：外圆而内有九条边. 据说，这一独特的设计是为了照顾到一个特殊的人群，让他们使用起来通过触觉就能区分大小相仿的各种硬币. 第四套人民币开始流通时，“老三花”与一分、二分、五分硬币并存. 由于五分硬币的直径已经达到24毫米，让面额更大的一角硬币继续扩大半径，对于实际使用而言不太方便. 但是如果一角硬币的直径太小，就难以通过触觉与分币加以区别. 为此，造币厂的设计师们走访了盲人学校、盲人工厂，将各种方案拿给盲人朋友们尝试，最终形成了边形独特、厚度增加的一角硬币. 定稿的一角硬币，直径为22.5毫米，边厚为2.4毫米，比五角更大，比一元更厚，在六种常用硬币中独树一帜. 它成了一代人的记忆，同时也记录着国家与社会对盲人朋友们的关爱.

请根据上述信息给出一种一角硬币的正九边形图样的设计方案.

（二）知识与技能

正多边形的中心是这个正多边形外接圆的圆心，也是内切圆的圆心. 连接中心和正多边形的各顶点，所得线段都是外接圆的半径，相邻两条半径的夹角是中心角. 因此，在正n边形中，分别经过各顶点的这些半径将这个正n边形分成n个全等的等腰三角形，每个等腰三角形的腰是正n边形外接圆的半径，底边是正n边形的边，顶角是正n边形外接圆的中心角，底边上的高是正n边形内切圆的半径，长是正n边形内切圆的边心距.

如图1，点O是正n边形的中心，AB是正n边形的一边，等腰△OAB是这个正n边形中的一个基本图形．设正n边形外接圆的半径长为R_n，中心角为α_n，其边长为a_n，边心距为r_n，则利用等腰△OAB解Rt△OAH，可由其中两个量求出其余的量，进一步还可以求出这个正n边形的周长及面积．（上海教育出版社版初中数学教材九年级下册第33页指明了正n边形各个几何元素之间的关联及其来历．）

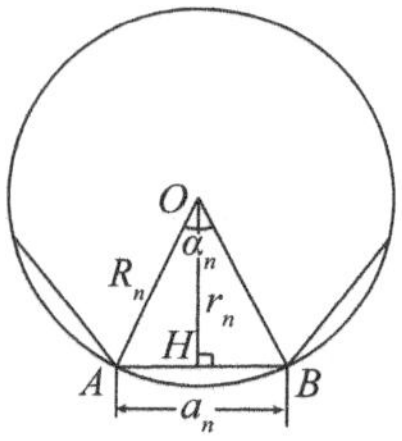

图1

阅读材料：怎样用尺规作正五边形？

先介绍一种用尺规作圆内接正五边形的方法．

（1）如图2，作⊙O的两条互相垂直的直径PQ和AF，取半径OP的中点M，再以点M为圆心、MA的长为半径作弧，和半径OQ相交于点N，则⊙O的内接正五边形的边长等于线段AN的长．

（2）以点A为圆心、AN的长为半径作弧，与⊙O相交得点B．继续以点B为圆心、AN的长为半径，在⊙O上再截，如此连续截3次，依次得分点C，D，E．顺次连接AB，BC，CD，DE，EA，则五边形$ABCDE$是⊙O的内接正五边形．

如果顺次连接AC，CE，EB，BD，DA，那么就得到一个正五角星，如图3所示．

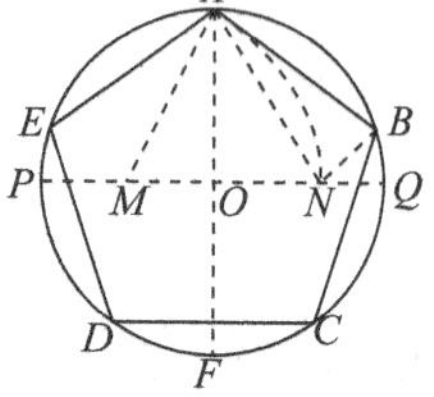

图2

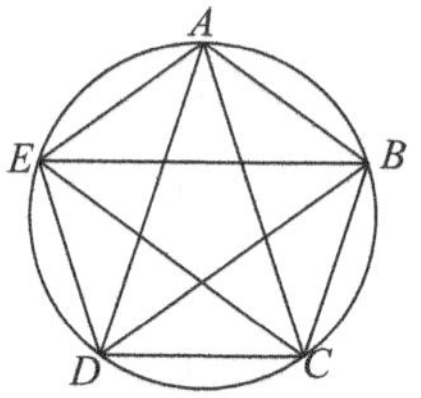

图3

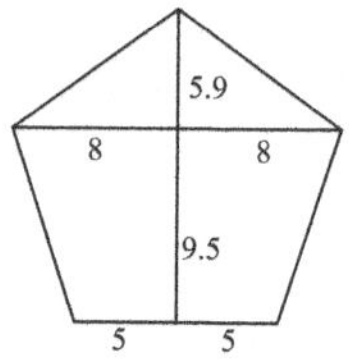

图4

再介绍正五边形的一种近似作法，它是在实践经验的基础上总结出来的．这种近似作法的口诀是“九五顶五九，八五两边分”，含义如图4所示．

例如，利用“九五顶五九，八五两边分”这个口诀，作边长为2厘米的正五边形．

假设边长为2厘米的正五边形$ABCDE$已经作出，如图5，作AB边的垂直平分线，设垂足为点F，点D必在这条垂直平分线上，连接EC，交DF于点G. 根据口诀，应有$AF=\frac{1}{2}AB=1$（厘米），则$EG=GC=\frac{8}{5}AF=1.6$（厘米），$FG=\frac{9.5}{5}AF=1.9$（厘米），$DG=\frac{5.9}{5}AF=1.18$（厘米）.

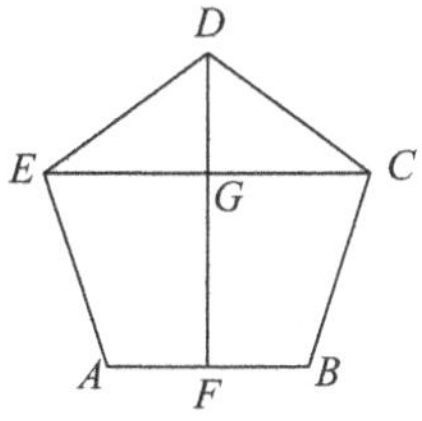

图5

计算出各条线段的长度后，就可以作出这个正五边形，请学生自己完成作图.

（三）思维与表达

1.整理思维.

通过上述两例学习，学生初步掌握了正多边形各个几何要素之间的数量关系，也看到了正多边形作图的示范，那么思考这些信息对正九边形的图样设计能提供什么帮助?

2.结构化表达.

首先，检验尺规作图方案的准确性. 设⊙O的半径为R，则其内接正五边形的边长为$2R\sin\frac{360^\circ}{10}=2R\sin36^\circ$. 为求出$\sin36^\circ$的准确值，先求$t=\cos36^\circ$的值. 注意到$\cos(2\times36^\circ)=-\cos(3\times36^\circ)$，故利用两倍角、三倍角的余弦公式，可得$t$满足方程$4t^3+2t^2-3t-1=0$. 根据多项式方程的试根法，可知$t=-1$是上述方程的一个根. 从而由因式定理可知，$t$满足二次方程$4t^2-2t-1=0$. 由此，解得$t=\frac{1+\sqrt{5}}{4}$（负根舍）. 故由勾股定理，得$\sin36^\circ=\sqrt{1-\cos^2 36^\circ}=\frac{\sqrt{10-2\sqrt{5}}}{4}$. 而根据材料中提供的作图法，可知$MO=\frac{1}{2}R$，$AM=\frac{\sqrt{5}}{2}R$，从而$ON=\frac{\sqrt{5}-1}{2}R$，再得到$AN=\frac{\sqrt{10-2\sqrt{5}}}{2}R=2R\sin36^\circ$. 这样就完成了对尺规作图方案的检验.

其次，检验近似作图的合理性. 仍然设⊙O的半径为R，根据锐角三角比的定义，近似作图方案中的各线段长与半径的关系如下：$DG=R(1-\cos72^\circ)$，$GF=R(\cos72^\circ-\cos144^\circ)$，$CG=R\sin72^\circ$，$AB=2R\sin36^\circ$. 由计算器得$\frac{DG}{AB}=\frac{1-\cos72^\circ}{2\sin36^\circ}\approx0.588$，$\frac{GF}{AB}=\frac{\cos72^\circ-\cos144^\circ}{2\sin36^\circ}\approx0.951$，$\frac{CG}{AB}=$

$\frac{\sin72^\circ}{2\sin36^\circ}\approx 0.809$. 如果设 $AB = 10$，就得到了口诀“九五顶五九，八五两边分”的由来.需要注意的是，“八”如果改成8.1，所得图形会更加准确.

比较两个方案，可见近似作图的方案比较容易操作，将成为首选的解决方案.

3.问题解决.

(1) 信息收集.一角硬币的外径为22.5毫米，“内九边”设计的宽度也不宜过大，每条边的中点到硬币边缘的距离以不超过1毫米为宜.

(2) 基本假设.假设一角硬币背面的形状为正圆形，且“内九边”的每条边中点到硬币边缘的距离约为1毫米.

(3) 模型运用.首先模仿“九五顶五九，八五两边分”的方法，探索一般正九边形的近似作图方案.如图6，设 $AB = a$，$FM \perp AB$ 于点 M，与 GE，HD，IC 依次交于点 J，K，L.

由锐角三角比计算可知，图中诸线段的长度（用 a 表示）如下：

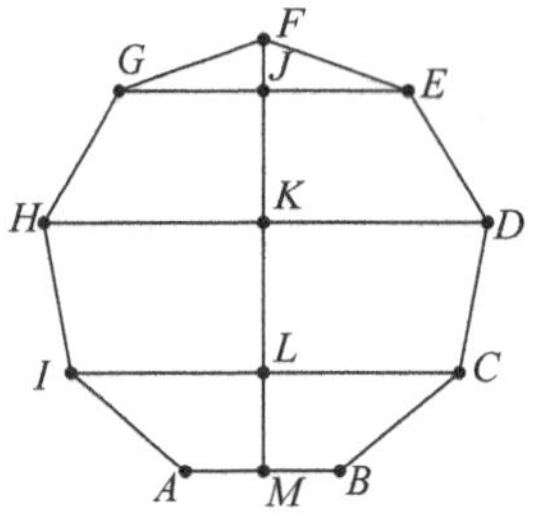

图6

$FJ = a\sin20^\circ \approx 0.342\,020a$；

$JK = a\sin60^\circ \approx 0.866\,025a$；

$KL = a\sin100^\circ \approx 0.984\,808a$；

$LM = a\sin140^\circ \approx 0.642\,788a$；

$JE = a\cos20^\circ \approx 0.939\,693a$；

$KD = a(\cos20^\circ + \cos60^\circ) \approx 1.439\,693a$；

$LC = a(\cos20^\circ + \cos60^\circ + \cos100^\circ) \approx 1.266\,044a$.

为寻找近似数据，需要选择恰当的 a，使其满足：

①上述各线段的长度都小于10个单位；

②上述各线段的长度在四舍五入到小数点后第一位时，产生的误差要最小.这里用来衡量误差的标准有两种方案可以考虑：其一是取七个误差中的最大值与 a 的比值，其二是取七个误差（绝对值）之和与 a 的比值.为此，取 $a = \frac{n}{10}$，其中 $10 \leqslant n \leqslant 99$ 为正整数.从所得结果中分别选出两个误差最小的，得到两种误差标准下的最优方案，如表1.

表1

a	误差一	误差二
6.7	0.006 857	0.012 956
6.8	0.004 271	0.014 47

相应的各线段近似长度列表如表2.

表2

a	6.7	6.8
FJ	2.3	2.3
JK	5.8	5.9
KL	6.6	6.7
LM	4.3	4.4
JE	6.3	6.4
KD	9.6	9.8
LC	8.5	8.6

按照这两种方案分别作出的正九边形近似图如图7所示.

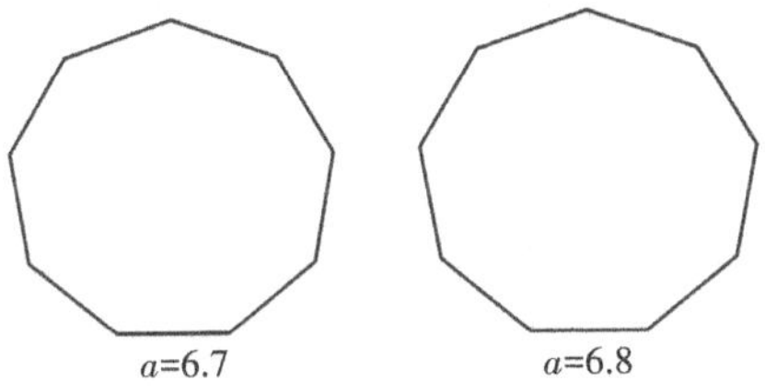

图7

可见，两种方案都已经相当精确了.

但是，如果结合一角硬币的尺寸和此前对“内九边”到硬币边缘距离的要求，这两个方案都有不足. 因为即使把边长按照6.8毫米计算，所得九边形的高为19.3毫米，仍然无法使得各边到硬币边缘的距离不超过1毫米. 事实上，如果此时M点到硬币边缘的距离不超过1毫米，那么硬币背面的圆心到FG边中点的距离约为8.52毫米，使得该中点离硬币边缘过远.

为此，前面假设的一部分，允许七条线段中的某些线段大于10毫米，从而获得新的选择. 经试验，$a = 7.4$的方案比较符合要求，如图8所示.

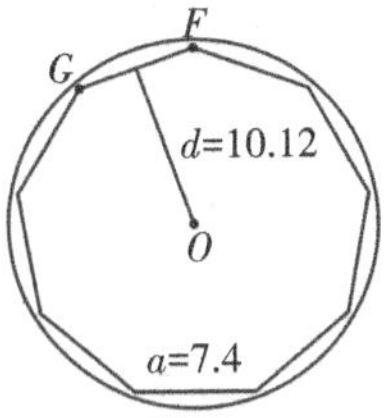

图8

此时，相应的误差一为0.006 253，误差二为0.029 615，故在牺牲一部分形状误差优势的情况下，获得了较为符合要求的解.

（四）交流与反思

1.信息交流.

实测一枚1993年版一角硬币得其外径约为22毫米，“内九边”的边长约为7毫米，“1角”字样上方顶点到圆周的距离略小于1毫米，而顶点的对边中点到圆周的距离约为1毫米.考虑到测量设备的精确度引起的误差，以及硬币在使用过程中的磨损，上述模型取得了较好的逼近.更加优化的解可以通过调整假设的方式获得，作为进一步探究的问题.

2.模型反思.

虽然没有采用尺规作图的方式来完成这一设计，但是这一方案仍然值得考察.注意到正五边形的尺规作图过程，在本质上解决了这样一个问题：给定单位长度，作出其$\cos 36^\circ$倍的长度.此处的$36^\circ=\frac{180^\circ}{5}$，是由多边形的边数决定的.因而，为解决正九边形的尺规作图问题，需要作出指定单位长度的$\cos 20^\circ$倍.

但是在对古代著名作图问题“三等分角”的探索中，人们已经证明了$\cos 20^\circ$这个倍数是无法通过尺规作图完成的.因此，通过尺规作图的方式来完成正九边形作图的任务，非但“不易”，实属“不能”.

不过，如果不限于尺规作图，利用其他工具找出40°角并非难事.例如，记下13：20时刻钟面的时针与12点方向的夹角，此角即40°.由此也可引出一系列钟面的角度问题，这里就不一一赘述了.此外，还有借助铰链工具、带刻度的测量工具，甚至包括折纸方法来实现三等分角任务的方法.这就是另一个广阔的探索空间了.

这个任务综合使用了圆内接正多边形的知识和锐角三角比的方法，在解决的过程中又结合了数据分析的手段，是一个综合性相当强的问题.而问题的背景又充满着人文关怀的气息，让学生通过故事背景，充分体验了数学中的人情味.

圆与正多边形（2）

——生活中的一个覆盖问题

一、教学目标

1. 认知目标：勾股定理、圆的面积公式、扇形的面积公式、正多边形各个几何元素的定量关系.

2. 能力目标：运用数形结合、方程思想、枚举法等数学思想方法，提高逻辑推理能力，培养交流与表达的能力.

3. 育人目标：通过数学建模及问题解决的过程，感悟生活中蕴含的数学知识及应用价值.

二、教学重点

借助数学建模，探寻覆盖正方形面（边长固定）的最少圆面（半径固定）的个数及圆心位置的方法.

三、教学难点

理解喷灌管网平面布置示意图蕴含的数学原理及其合理性.

四、教学过程

（一）情境与问题

某网站曾报道过这样一则新闻：宁波市民徐先生反映，东部新城福庆北路与宁邱路交叉口附近有一处草坪，那里的喷水装置设计不合理.实地绕着草坪走了一圈后，记者发现这块边长为10米的正方形草坪共安装了10个喷水装置，与草坪的地面齐平，且这些黑色的喷水装置大都装在草坪的四周.据负责这段绿化养护的工作人员说，这些喷水装置通过水压进行升降，向四周旋转喷水，以保证水量喷洒均匀，喷水高度一般不会超过一米.但是按徐先生所说，如果是旋转喷洒的话，确实很容易喷到一旁的马路上，不仅影响路人行走，也浪费水资源.

问题：有一块边长为10米的正方形草坪，需要安装喷头定时喷水养草.已知一个喷头的喷洒范围是半径为3.3米的圆面.请根据上述信息，回答至少要安装几个这样的喷头，才能使喷水洒遍整个草坪，并且确定喷头的安装位置.

（二）知识与技能

知识：（1）勾股定理；

（2）圆的面积公式$S=\pi R^2$，扇形的面积公式$S=\dfrac{n\pi R^2}{360}$.

（3）正方形的边长与外接圆的半径之间的关系，如图1，$AB=\sqrt{2}\,OA$.

【例1】 上述实际问题经过数学抽象建立数学模型如下：已知一个边长为10米的正方形，如果用半径为3.3米的圆覆盖此正方形，那么至少需要几个这样的圆？并且确定圆的摆放位置.

分析：区域覆盖是指对一个指定区域用一系列称为一跳覆盖区的小区域（圆）将其有重叠地完全覆盖.

［思路1］求得正方形的外接圆面积以及最小覆盖圆的面积，根据它们的面积关系可以获得最小覆盖圆的个数.

解：如图1，正方形边长为$AB=10$米，则外接圆直径为$AC=10\sqrt{2}$米，外接圆半径$AO=R=5\sqrt{2}$米，面积$S=\pi R^2=\pi\times5\sqrt{2}\times5\sqrt{2}=50\pi$（米²），半径为3.3的圆面积为$S_1=\pi r^2=\pi\times3.3\times3.3=10.89\pi$（米²），可得$k=\dfrac{S}{S_1}=\dfrac{50\pi}{10.89\pi}\approx4.6$，取整后，可得$k=5$，即至少需要5个半径为3.3米的圆面才能完全覆盖边长为10米的正方形面.

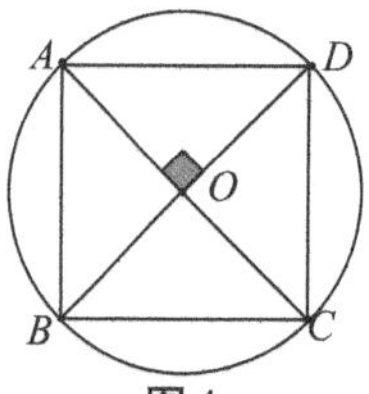

图1

思路1可以快速且便捷地确定覆盖给定正方形面所需要的指定圆的个数，但是无法确定圆的位置.是否有更好的方法来解决这个问题，既确定圆的个数，也确定圆的摆放位置呢？

［思路2］依次用一个圆、两个相同的圆、三个相同的圆……的圆面去完全覆盖一个边长为10米的正方形面，每次使相应的圆的半径长尽可能小，并且求出这个值.假设用k个相同的圆面去覆盖正方形面，圆的半径长至少为R_k米.当$R_k > 3.3$时，可知k个相同的圆面无法覆盖正方形面，当第一次出现$R_k < 3.3$时，可知k个相同的圆面可以覆盖正方形面.

解：（1）如果用一个圆面覆盖正方形面，如图1，正方形边长为$AB = 10$米，则外接圆直径为$AC = 10\sqrt{2}$米，半径$R_1 = 5\sqrt{2}$米，由于$R_1 = 5\sqrt{2} > 3.3$，所以不符合题意.

（2）如果用两个相同的圆面覆盖正方形面，可以划分为“$2 = 1 + 1$”结构，如图2，正方形边长为10米，则$10^2 + 5^2 = (2R_2)^2$，解得半径$R_2 = \frac{5}{2}\sqrt{2} \approx 5.59$（米），显然$R_2 = \frac{5}{2}\sqrt{2} > 3.3$，不符合题意.

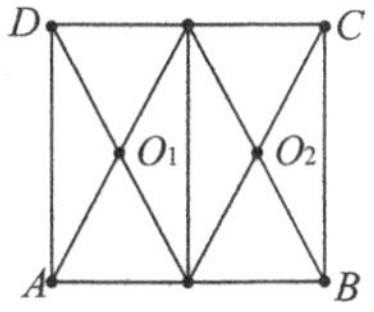

图2

（3）如果用三个相同的圆面覆盖正方形面，可以划分为“$3 = 1 + 1 + 1$”结构或“$3 = 1 + 2$”结构，包括如下两种情况：

情况1：如图3，正方形边长为10米，则$10^2 + \left(\frac{10}{3}\right)^2 = (2R_3)^2$，解得半径$R_3 = \frac{5}{3}\sqrt{10} \approx 5.27$（米），显然$R_3 = \frac{5}{3}\sqrt{10} > 3.3$，不符合题意.

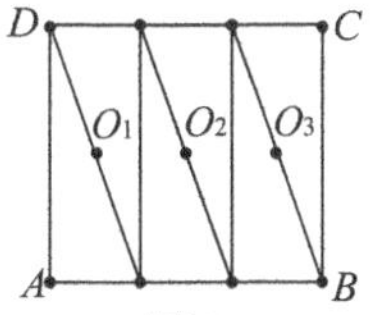

图3

情况2：如图4，正方形边长为10米，设$BE = x$，则$AE = 10 - x$.在Rt△AEF中，$(10 - x)^2 + 10^2 = (2R_3)^2$.在Rt△$BEG$中，$x^2 + 5^2 = (2R_3)^2$，联立解得$x = \frac{35}{4}$，半径$R_3 = \frac{5}{8}\sqrt{65} \approx 5.04$（米）.显然$R_3 = \frac{5}{8}\sqrt{65} > 3.3$，不符合题意.

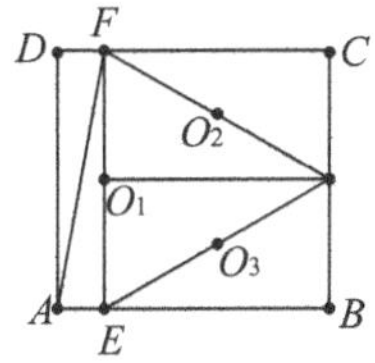

图4

（4）如果用四个相同的圆面覆盖正方形面，可以划分为“$4 = 1 + 1 + 1 + 1$”结构、“$4 = 1 + 3$”结构或“$4 = 2 + 2$”结构，包括如下四种情况：

情况1：如图5，正方形边长为10米，则$10^2+\left(\frac{10}{4}\right)^2=(2R_4)^2$，解得半径$R_4=\frac{5}{4}\sqrt{17}\approx5.15$（米），显然$R_4=\frac{5}{4}\sqrt{17}>3.3$，不符合题意.

情况2：如图6，正方形边长为10米，易得半径$R_4=\frac{5}{2}\sqrt{2}\approx3.54$（米），显然$R_4=\frac{5}{2}\sqrt{2}>3.3$，不符合题意.

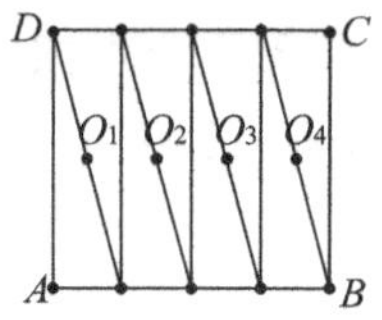

图5

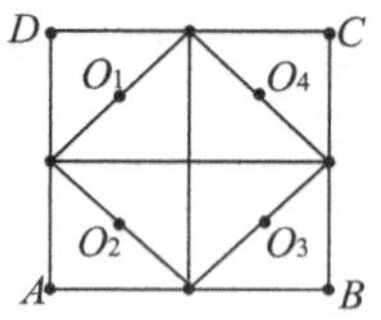

图6

情况3：如图7，正方形边长为10米，设$BE=x$，则$AE=10-x$.在Rt$\triangle AEF$中，$(10-x)^2+10^2=(2R_4)^2$.在Rt$\triangle FCG$中，$x^2+\left(\frac{10}{3}\right)^2=(2R_4)^2$，联立解得$x=\frac{85}{9}$，半径$R_4=\frac{25}{18}\sqrt{13}\approx5.07$（米），显然$R_4=\frac{25}{18}\sqrt{13}>3.3$，不符合题意.

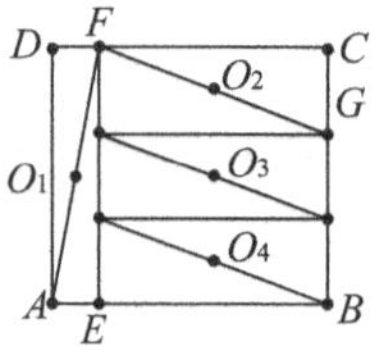

图7

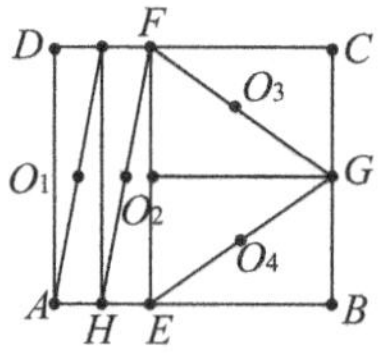

图8

情况4：如图8，正方形边长为10米，设$BE=x$，则$HE=\frac{10-x}{2}$.在Rt$\triangle HEF$中，$\left(\frac{10-x}{2}\right)^2+10^2=(2R_4)^2$.在Rt$\triangle FCG$中，$x^2+5^2=(2R_4)^2$，联立解得$x=\frac{10\sqrt{13}-10}{3}$，半径$R_4\approx5.01$（米），显然$R_4>3.3$，不符合题意.

（5）如果用五个相同的圆面覆盖正方形面，那么包括“5 = 1 + 1 + 1 + 1 + 1”结构、“5 = 1 + 4”结构、“5 = 2 + 3”结构等多种情况.上述区域划分问题是一个难题，综合上述种种情况可知：一是用四个相同的圆面覆盖正方形面，获得的 $R_4 = \frac{5}{2}\sqrt{2} \approx 3.54$ 米已经接近于指定半径3.3米，二是尽可能对最小覆盖面积等分，故“5 = 2 + 3”结构划分成为可能.

按照上述分析，如图9，正方形边长为10米，设 $BG = x$，则 $CG = 10 - x$. 在 Rt△GCH 中，$(10 - x)^2 + \left(\frac{10}{3}\right)^2 = (2R_5)^2$. 在 Rt△$BEG$ 中，$x^2 + 5^2 = (2R_5)^2$，联立解得 $x = \frac{155}{36}$，半径 $R_5 = \sqrt{\frac{56\,425}{5\,184}} \approx 3.299$（米），由于 $R_5 \approx 3.299 < 3.3$，符合题意.即用5个半径为3.3米的圆面可以覆盖边长为10米的正方形面.

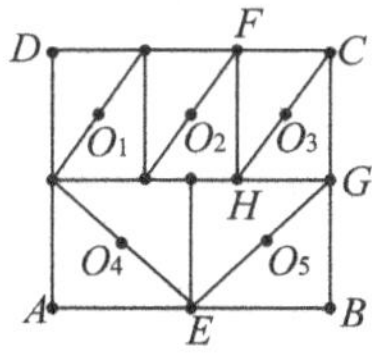

图9

综上所述，获得结论为：已知一个喷头的喷洒范围是半径为3.3米的圆面，一块边长为10米的正方形草坪至少要安装5个同样的喷头，才能洒遍整个草坪，并且图9中5个点 O_1，O_2，O_3，O_4，O_5 为安装喷头的位置.

（三）思维与表达

1.整理思维.

通过上述例题的学习，我们可以发现如下客观事实：借助正方形的外接圆面积与给定小圆的面积之间的数量关系及“进1”法，可以快速确定覆盖正方形的最少圆的个数问题，但是无法确定每个圆的圆心位置；如果采用枚举法进行梳理，尽管计算过程较为复杂，但是在获得最少圆的个数的同时，也可同步确定圆心的位置.

最优化的结果是将两种方法结合起来，首先确定最小圆的个数，然后数形结合，画出草图，计算出符合题意答案的同时，确定圆心的位置.

2.结构化表达.

在一个边长为10米的正方形中，用半径为 r 米的圆对其进行完全覆盖，要求相邻两个圆相交的公共面积不小于一个圆面积的 $m\%$，应该如何覆盖可使得完全覆盖整个正方形面时所用圆的个数最少?

3.问题解决.

(1) 信息收集.当前,我国建设了很多大型郊野公园,这些郊野公园的草坪都是采用定点定时喷水的方式养护.

在解决实际问题的过程中,通过查阅资料找到一款地埋式散射喷头的规格及喷灌管网平面布置示意图,如图10、图11.实际生活中,购买喷头装置就可以解决上述问题.

产品名称:4分内丝细长款地埋
规格:1/2"(4分)
产品品牌:森雨灌溉
工作压力:200-300KPa
产品材料:PP+POM塑料
喷射距离:3.0-5.0m
净重:78.5g
流量:$0.8-1.5\text{m}^3$
适用场地:
适用于农业、草坪、别墅,工业灌溉!安装方便,节水性能好!

图10

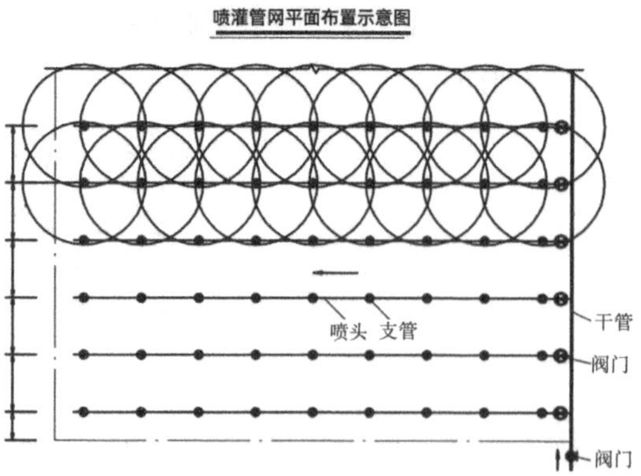

图11

(2) 基本假设.建立上述数学模型需要满足如下假设:

①正方形区域中所有的地形是相对平整的,不用考虑地形的影响;

②在覆盖过程中不考虑圆周长、半径及圆心的宽度.

(3) 模型运用.数学来源于生活,也反作用于实际生活.如很多商场、网店售卖着洒水喷头的同时,也同步给出喷灌管网的布局指导方案.图11即为某一网店设计的喷灌管网平面布置示意,图中蕴含的数学原理正是我们研究的内容之一.

【引理1】两圆的相交面积不小于两个圆中较大的圆面积的$m\%$,当两圆半径相等时,相交面积占两个圆总面积的百分比最小.

证明:如图12,设相交面积为S_1,已知两圆半径分别为R_1,$R_2(R_1 \geqslant R_2)$,因为$R_1 \geqslant R_2$,所以$S_{O_1} \geqslant S_{O_2}$.又因为$\frac{S_1}{S_{O_1}} = m\%$,所以$\frac{S_1}{S_{O_2}} \geqslant m\%$.此时

$\frac{S_1}{S_{O_1}+S_{O_2}}=\frac{m\%}{1+\frac{S_{O_2}}{S_{O_1}}}\geqslant 2m\%$，当且仅当$R_1=R_2$时等号成立.即两圆相交，满足相交面积不小于一个整圆面积的$m\%$的条件下，当两圆半径相等时，圆的有效利用率最高.

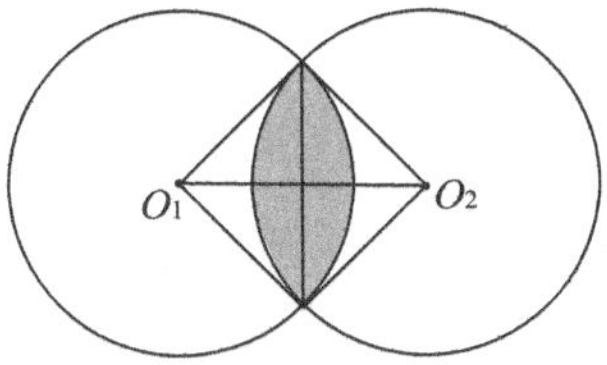

图12

【引理2】两等圆相交时，若两交点夹的劣弧所对的圆心角θ固定，则相交面积S_0与整个圆面积S的比值与圆半径R无关，R为常数.

证明：如图12，两圆的圆心分别为O_1，O_2，半径均为R，相交面积为

$$S_0=2\times\left(\frac{\theta}{360}\times\pi R^2-\frac{1}{2}R^2\sin\theta\right)=\frac{\theta}{180}\pi R^2-R^2\sin\theta,\ S=\pi R^2,$$

$$则\ m\%=\frac{S_0}{S}=\frac{\frac{\theta}{180}\pi R^2-R^2\sin\theta}{\pi R^2}=\frac{\theta}{180}-\frac{\sin\theta}{\pi},$$

可得，$m\%$的值与圆的半径R无关，引理2得证.

（四）交流与反思

1.信息交流.

在一个边长为10米的正方形中，用半径为r米的圆对其进行完全覆盖，只需要“进1”法取整$\frac{100}{\pi R^2}$，就可以初步得到圆面完全覆盖正方形面的最少的圆的个数.上述数学模型基于两个引理，这两个引理也是喷灌管网平面布置示意图中等距布置同样大小喷头的数学原理.只需要在等距处安装同样规格的喷头，即可解决草坪喷水问题.考虑草吸收水分的能力，并非喷头的喷洒直径越大，草坪保养效果越好，因为喷头的喷洒直径将决定用水量.

2.模型反思.

尽管上述数学模型得到有效解决，但值得我们探索的覆盖问题还有很多.譬如上述数学建模中，通过控制变量喷洒半径的改变对问题进行引申，

还可以控制喷头的喷洒半径不变.改变草坪的形状及大小将问题引申等.在这一背景下设计的探究问题可以引导学生关心周围的世界，学会从现实生活中提出问题，积极探究，并努力解决问题，从而促进学生重视数学与现实生活的联系，增强数学的应用意识.

本课时教学综合使用了圆内接正多边形、勾股定理等有关数学知识及数形结合、方程思想、枚举法等思想方法.教师创造一定的数学情境，引导学生经历数学抽象、直观想象、逻辑推理、数学建模的过程，在解决问题的过程中引导学生运用数学计算、数据分析等手段，培养学生数学核心素养的同时，也促使学生的思维品质从低阶走向高阶.回顾整个探究过程，教师引导学生用数学的眼光观察了现实世界，用数学的思维思考了现实世界，用数学的语言表达了现实世界.

课题篇

在数学家保持沉默的地方，在教育家终结成果的后面，还存在一个广阔的空间——数学教学研究，可供广大数学教师探索研究，从而发展自我.这个空间极为巨大，其元素存在形式可以是论文，可以是课例，还可以是课题.

论数学课题研究的策略及方法

从教近二十载，笔者从职初教师到骨干教师、从二级教师到高级教师，经历了从被动驱迫到自发自觉的研究过程，走上了教学、教研、教改的实践道路.

笔者曾参与过老港中学区级重点课题3个，独立完成了个人课题2个.个人课题分别是浦东新区第一期“优青”工程和上海市第三期“双名”工程期间的培训作业.反思自己的成长过程，尤其是独立实施课题研究的全过程，就是要提炼出课题研究的意义、课题如何立项及课题实施的一般路径.

一、教师实施课题研究的意义

课题研究是指教师在教学过程中对遇到的一些棘手问题，运用适切的研究方法，从不同的视角探索解决问题的思路，形成一定研究成果的过程.课题研究是一个循环往复的过程，在明确问题、确定目标、制订计划、实施计划、收集资料、分析问题、检验反思的基础上，形成新的问题，再展开研究，如此形成循环链.赞可夫说过，没有个人的思考，就没有对自己经验的寻根究底精神，提高教学水平是不可思议的.教师经历问题提出、分析、研究和解决的理性思维过程，学着解决自己教学过程中的困惑，慢慢就成为问题解决的专家型教师.

（一）学校实施课题研究可作为教师组建设的抓手之一

学校坚定不移地实施龙头课堂引领，教师组子课题跟进，既可以解决学校发展过程中遇到的教育教学问题，也可以为各个教研组的校本研修提供载体，促进教师团队共同成长.循环链保证了学校研究的组织规划和持续性，保证了课题研究横向的内在联系与纵向的发展连续.

（二）教师主动参与及实施课题研究是个人专业发展的需要

教师从实际教育教学情境出发，根据实际需要进行持续不断的探究反思、实现自身专业成长的过程，也属于课题研究.教师要主动参与及实施课题研究，逐步解决初做课题研究的畏难情绪，反思并找出教育教学中存在的问题，进而找出解决问题的对策.教师要逐步树立“问题就是课题、反思就是研究、成长就是成果”的教育科研新理念，按照“小步子、低台阶、快节奏、求实效”的原则，扎实开展课题研究.

二、教师实施课题研究时如何选题和立项

《现代汉语词典（第7版）》中的“研究”，第①条解释是：“探求事物的真相、性质、规律等.”研究就是探索，包括学习、思考、实践、反思、总结.教师实施课题研究主要是工作研究与经验总结.工作研究（事前）强调可行性，解决的是行不行的问题；经验总结（事后）强调反思性，分析的是好不好的问题.

教师课题应关注的是教育教学活动中问题的某一点或者某个细节，由此层层深入，不断探究，寻求解决问题的最佳途径，达到研究的深度，揭示问题的本质和内涵.课题研究出自教师自身的需要，在于提升教师解决教育教学中遇到的实际问题的能力.

（一）课题如何选题

教师实施课题研究首先要解决选题的问题.课题来源于教师的教育教学实践，是由教师的教学困惑或困难转化而来的.教师在教育教学中要有问题意识，如：例题教学时，有的学生当堂懂了，课后会解决同类型问题；有的学生当堂懂了，课后不会解决同类型问题.针对这部分学生的实际学情，教师可把它作为一个课题去研究，比如“初中生数学学习过程中‘懂而不会’现象的解决策略研究”.

教学过程中遇到的问题可随之转化为教师的研究课题，而课题的研究结果可立即用于改变这些学生的学习状态.这类课题难度不大，研究的对象就是几个学生，通过调查很快就会获得结果，再对结果进行分析，就会找

到“懂而不会”现象产生的原因和解决的办法，再把这些办法应用到教学实践中就会收到不错的教学成效.

基于上述案例，教师在具体选题时要做到以下几点：

一是选择自己在教育教学工作中需要解决又力所能及的问题进行研究，形成对教育教学实践的指导.

二是充分考虑选题的主客观条件，选择自己有较多经验积累，或自己在某些方面有一些成果而研究尚不深入的问题进行研究.

三是课题的选择应具体、实在，研究范围适当小，适合教师个人或备课组两到三人开展研究即可.可以选择研究教学设计，如可以结合所教学科的特性选择某一部分内容或者某一主题进行单元式或者主题式教学设计研究，从学科分析、教材分析、课标分析、目标分析、重难点分析、教学方式分析、教学流程设计、教学反思等方面展开深度研究.也可以选择研究教学实施，如某一内容或主题的单元教学策略研究，从创设情境、活动安排、资源利用、语言表达、教学手段等方面进行探索与尝试，特别要关注教学实施中问题的选择、设计以及相关活动的开展、反思等.

四是课题选题要有创新意识，突出具体研究内容的特点.如可以是将一种理论、一个观点应用到实际教育教学工作中；也可以借鉴他人的成果，结合自己的教学加以改进；还可以运用新的方法与视角，去探索提高教学质量的途径.

五是课题名称的表述要准确，注意使用科学概念和规范用语.课题名称中要反映所研究的对象、问题和方法.课题名称一般以15～20字为宜，不超过24字，要涵盖主要关键词，要新颖、独特、精确、简洁，要富有信息与吸引力，从而顺利立项，实现研究目标.

打个比方，如果我们把教师从选择课题到确定课题类比成造房子的过程，那么选择课题的过程就是处于造什么类型房子的犹豫之中，确定课题就是明确所造的房子是别墅还是普通住宅.

（二）课题如何申报（立项）

当我们有了好的选题，就要梳理课题研究的思路，及时填报课题申请书.通常课题申请书主要包括负责人及研究人员信息表、负责人及课题组成员近三年来取得的教育科学研究成果、预期研究成果、课题设计论证、完成课题的可行性分析等.教师在课题申请书的导引下，继续富有逻辑性地深度思考课题研究的框架结构.

以造别墅为例打个比方，课题申请书相当于我们造别墅的蓝图，或者说框架结构图.课题立项以后，相当于明确了我们所造的别墅样式.

填报申请书第一关就要准确清晰地确定课题名称.研究者要熟悉所确定的课题所在领域，全面梳理已有的研究文献，掌握文献对所选择问题的研究概况，从而选择自己研究的切入点，方可创新性地钻研下去.课题名称既要体现时代性、重要性、新颖性和创新性的研究特质，又要与自己的专业方向及其优势紧密相关.如在教学设计方面有优势，可深入研究教学设计创新的思路、原则、方法等.

填报课题申请书除了课题名称新颖与独特外，最为核心和关键的就是撰写课题设计论证及可行性报告.课题设计论证一般由六个部分构成，要能展现出整个课题研究的脉络.

1.选题依据.

本课题在国内外相关研究的学术史梳理及研究动态，相对于已有研究的独到学术价值和应用价值等，需要课题研究负责人认真阅读已有文献，做细致和精确的文献梳理，简明扼要地阐述与本研究相关的信息，从而突显本课题研究的现实意义与理论价值.

2.研究内容.

本课题的研究对象、总体框架、重难点及要解决的主要问题等，需要课题研究负责人精心设计，尽量用框图说明研究路径及研究的重难点.

3.思路方法.

本课题研究的基本思路、具体研究方法、研究计划及其可行性等，需要课题研究者从宏观与微观层面翔实地阐述，并从技术层面分析其可行性.

4.创新之处.

本课题和已有研究内容相比较，要明确在学术思想、学术观点、研究方法等方面的特色和创新，重点说清楚“特色”在哪里，“创新点”在哪里.

5.预期成果.

填写申报表时，需要说明本课题结题时的成果形式.

6.参考文献.

填写申报表时，详细罗列本课题选题依据中涉及的主要中外参考文献.

除课题申请书外，可行性报告的撰写也至关重要.在选定一个课题后，需要对该课题做多方面的论证，明确研究基础和条件保障，以确保课题可以顺利完成.

可行性报告主要包含如下几个方面：

1.学术简历.

学术简历方面包含课题负责人的主要学术简历、学术兼职，在相关研究领域的学术积累和经验等，以表明课题组有学术积淀，有能力有水平能够完成研究任务.

2.研究基础.

研究基础方面包含课题负责人及参与者前期的相关研究成果、核心观点及社会评价等，以表明课题组有一定的研究经验，可以确保课题顺利进行.

3.承担项目.

承担项目方面包含课题负责人承担的各级各类科研项目情况，如项目名称、资助机构、资助金额、结项情况、研究起止时间等，还包含已承担项目与本课题的联系和区别，以表明课题组成员有能力完成课题任务.

4.条件保障.

条件保障方面主要是指完成本课题研究的时间保证、资料设备等软硬件支撑，以表明课题组进行课题研究有充分的时间、人力、物力条件.这样的可行性分析论证要突出课题组的各种优势，使评阅者相信课题组有能力完成此课题.

总之，课题申请书中应当突出研究的特色和突破点，做到问题新、方法新、角度新、效果新.

三、课题实施的一般路径

教师进行课题研究关键在于实施的过程，即对所要研究的问题利用一些工具、手段、方法进行探索的过程.同时，教师进行课题研究需要注重落实课题研究的核心问题、目标等.

（一）课题研究的核心问题

在研究过程中，教师要始终紧紧围绕所研究的问题进行参阅文献、收集案例和分析数据.如果所研究的问题过大，可以将研究内容细分为几个小问题.教师要基于问题提出研究假设，就是对所提出的问题做假设性回答，基于假设有理有据地选择研究对象，明确研究变量，确定研究方法.

（二）课题研究的目标

教师围绕要解决问题的目标，精确研究，寻找有效的策略.制订科学的研究计划，针对问题和假设去查阅文献（可以通过著作或期刊等纸质资源获取，也可通过网络渠道如知网等获取电子资料），搜集解决问题所需的资料，分析研究所收集到的数据、案例，并对其做出阐释，其目的就是实现课题研究目标.

（三）课题的研究行动

行动研究的方式，主要选择案例研究、个案研究、调查研究、叙事研究等适合教师的方法开展研究.教师通过日常的教学实践反思所要研究的问题，不断地优化与实施研究方案，通过前后测等行动研究及时整理、汇总、分析获得的数据.教师在课题研究过程中扮演的角色是行动者，即在行动中研究，在研究中行动，通过通过发现问题、提出问题、分析与解决问题的过程，顺利地完成课题研究的实施阶段.

（四）撰写课题结题报告

课题结题报告是教师对课题梳理、反思与总结的过程.结题报告是结题验收的报告，意味着教师对一项课题研究的结束，可以较好地反映教师的研究过程，清晰地勾勒出教师对于该课题的实践认知与看法.以造别墅为例打个比方，撰写课题结题报告的过程相当于装修别墅，课题结题报告的质量相当于别墅精装修的效果.

结题报告的基本结构：一是题目部分要包含标题和署名，二是正文部分要包含序言（问题的提出、研究的动机）、理论依据、研究目标、研究方法、研究的主要内容、研究过程概述和研究成果，三是结尾部分包含结论与建议，即存在的问题或研究的局限性.

撰写结题报告时，主报告与附件分开， 附件要精选；罗列的成果要实在，要经得起检查与答辩，多列举实证案例.

结题报告的一个重要特点是教师对整个课题研究过程的回顾性梳理，要清晰地反映出研究的成效，阐述出研究的不足，梳理出今后努力的方向与新的研究设想等.结题报告是课题研究所有材料中最主要的材料，是课题结题验收的主要依据.

（五）课题研究的成果

课题研究结束后，必须形成与课题相关的且有针对性的研究成果.如学术论文、专著，反映成果的实践操作的教学设计、活动设计、个案研究报告，教学软件或光盘、文献资料的汇编等也都可以作为课题研究的成果.

课题范例

课题研究范例采用“倒叙”的方式进行展示，以课题结题汇报模式展开.首先，呈现的是课题结题报告《初中生运用几何画板开展探究性学习的实践研究》.其次，呈现的是该课题研究的有关成果，包括五个部分：报告与方案、小结与课题进度表、问卷测试卷调查及分析、课题通讯和实践过程中撰写的课例、案例、论文等.碍于篇幅，本部分内容只展示本课题的部分研究成果.

《初中生运用几何画板开展探究性学习的实践研究》结题报告

一、课题提出

数学是一门严谨的科学，它具有严密的逻辑性和演绎性.《上海市中小学数学课程标准（试行稿）》指出：“现代信息技术的广泛应用正在对数学课程内容、数学教学、数学学习等产生深刻的影响.教学中要重视利用信息技术来呈现以往课堂教学难以呈现的内容.”在传统的教学中，由于缺少某些必要的教具和动画演示，许多概念和性质对应的图形无法准确生动表示，学生只能在老师的解释和粗略的草图下进行理解，背离了数学来源于生活又高于生活的本质，致使学生普遍认为数学抽象难学.另外，一些繁难的计算也浪费了大量时间，使得课堂效率降低.在多媒体基本普及的今天，信息技术的力量使上述问题的解决成为可能和可行.

近几年来，《几何画板》软件在教学中得到广泛应用.它简单易学，功能强大，不仅具有作图、计算及动画功能，而且具有即时性与交互性，在课堂教学中适当使用可提高教与学的质量.《几何画板》软件动态探究数学问题的功能，使学生原本感到枯燥的数学变得形象生动，可极大地调动学生学习的积极性.

本课题提出《初中生运用几何画板开展探究性学习的实践研究》，是以《上海市中小学数学课程标准（试行稿）》为指导，旨在结合具体的初中数学学习内容，以初中数学某些知识点的学习为载体，将《几何画板》功能运用到初中生数学学习中，引导学生自主探究学习，培养学生发现问题、分析问题继而解决问题的意识与能力.

二、概念界定

按照《现代汉语词典（第7版）》解释，探究是指“探索研究；探寻追究”，即努力寻找答案、解决问题.广义的探究，是指一切独立解决问题的活动.人们通常所说的追根究底、好奇、好问，企图自己弄清事理，实际上是广义探究的日常行为表现.可以说，它既指科学家的专门研究，也指一般人解决问题的活动；既包括成人那种深思熟虑式的“思想实验”，也包括儿童那种尝试错误性的摸索或探索；既有自觉的，又有自发的；既可能是新颖独创的，又可能是模仿的.

探究能力就是探寻未知事物的能力，即学生在教师指导下发现问题并运用已学知识解决问题的能力.数学探究能力是学生通过观察、阅读题目后，获取自己对于某数学问题的迁移性反思或进行自觉分析的一种学习能力，进而部分或全部地解决数学问题.

应用几何画板开展探究性学习活动是指学生通过运用《几何画板》软件绘制图形等，达到领会、理解数学中未知与已知的关系，促进数学知识迁移，解决数学问题，提升数学探究能力的目的.

本课题涉及的数学探究能力，是指学生在教师的引导下发现某些问题，并借用几何画板激发他们研究函数中两个变量之间的关系、平面几何图形中线与线之间的数量与位置关系、图形的动态变化过程中变与不变的关系等，通过思考提升自己的探究能力，以及解决或基本解决问题的能力.

三、研究概况

（一）研究目标

通过开展课题“初中生运用几何画板开展探究性学习的实践研究”，探寻初中学生运用几何画板开展数学学习的途径、策略及方法，从而培养与提高初中生数学学习的探究意识与探究能力.

（二）研究方法

1.实验研究法.

借助九年级平行班中的（2）班和（5）班进行对比试验，（5）班为A班，（2）班为B班，A班和B班均由笔者上课.

A班（实验班）学生运用几何画板（相关知识点学习），遵循“问题—研究（运用几何画板软件）—交流—反思”的学习过程；B班（对照班）学生除学习中不运用几何画板软件以外，其学习内容、学习进度等都与A班相同.

本课题以《上海市中小学数学课程标准（试行稿）》和上海教育出版社版初中数学教材为依托，利用前、后测试卷测量评定学生探究能力的变化，从而得出初中生运用几何画板开展探究性学习对于数学探究能力的影响.

通过实验班和对照班学习情况的定量和定性对比分析，总结三类学生运用几何画板后问题解决能力的临床表现，进而获得相关结论.

2.个案研究法.

在解相似三角形、锐角三角比、二次函数、涉及数形结合的综合题时，分别选取典型案例让学生学习中运用几何画板进行实践，捕捉学生运用几何画板寻找数学问题的敏感性、解决数学问题的策略性、拓展数学问题的创造性.

课题实施过程中，对实验班运用几何画板开展数学探究性学习后部分学生能力提升的典型个案进行研究，探寻其数学探究能力提升的根源是什么，是否具有推广性等.

（三）研究过程

1.资料学习与课题设计阶段（2011年4月—2011年9月）.

（1）搜集培养学生探究能力的文献资料，特别是运用几何画板实施培养学生科学探究能力的相关研究资料，并进行整理与学习，再结合自己的课堂教学实践选定课题.

（2）专家论证，确立课题，并制订研究方案.

2.方案准备阶段（第一阶段实践研究：2011年9月—2011年11月）.

（1）采用问卷，测试影响中学生学习的情感因素.

（2）采用前测试卷，测试实验前学生的数学探究能力，分析学生的探究水平.

（3）对于实验班学生进行几何画板运用的相关培训（4个课时）.

（4）撰写实施准备阶段的工作小结，制订第二阶段实践研究方案.

3.方案实施阶段（第二阶段实践研究：2011年11月—2012年4月）.

（1）在第一阶段实践研究的基础上，针对学习单，鼓励学生运用几何画板进行发现式为特征的探究学习，搜寻他们使用几何画板的心理需求，以及学生使用几何画板时寻找数学问题的敏感性、解决数学问题的策略性、拓展数学问题的创造性.

（2）使用信度高的后测试卷，再次测量学生的数学探究能力，分析实验班与对比班各个层次学生使用几何画板的临床表现，以及运用几何画板对学生数学学习的影响.

4.课题总结阶段（2012年4月—2012年6月）.

（1）搜集和整理本课题的实践系列材料；

（2）撰写课题结题报告；

（3）结题论证，成果展示.

四、课题成果

（一）学生运用几何画板开展探究性学习

1.学生运用几何画板探究研究对象之间的数形关系.

在“二次函数$y = ax^2 + bx + c(a \neq 0)$的图象”一节内容的学习中，如何引导学生掌握$y=ax^2$，$y=ax^2+c$，$y=a(x-m)^2$，$y=a(x-m)^2+k$等4个特殊的二次函数图象之间的平移规律，一直是传统教学中的重点和难点，学生难以理解，教师也难以用文字语言说明，如果教师彻底讲透这个平移规律需要绘制很多二次函数图象.引导学生运用《几何画板》软件进行研究性学习，让他们在操作中获取数学实验的机会，总结二次函数平移的规律，这是一种有益的尝试，而这种学习方式就是发现探索式，即自主探究的表现.

学生受学习水平及所掌握知识的限制，不具备完成自主探究的能力，所以本次探究性学习的过程是在教师引导下进行的.

笔者构造了$y=ax^2$，$y=ax^2+k$，$y=a(x-m)^2$，$y=a(x-m)^2+k$等4个二次函数的解析式，先让三类学生通过菜单上的绘图功能绘制上述4个二次函数的图象，然后让学生分别拖动三个点改变a，m，k的值，观察函数$y=a(x-m)^2+k$的图象，体会下述问题：

（1）改变a的值，二次函数$y=a(x-m)^2+k$的形状是否有变化，位置是否有变化？

（2）改变m，k的值，二次函数$y=a(x-m)^2+k$的形状是否有变化，位置是否有变化？

如果都有变化，变化后的函数图象与$y=ax^2$，$y=ax^2+k$，$y=a(x-m)^2$的图象在位置及形状上有什么异同？

在a，m，k值的变化过程中，体会它们对二次函数图象的形状及位置的影响，从而总结出二次函数图象的平移规律.最后，让不同层次的学生拖动图上点M，利用《几何画板》反复动态演示上述4个函数图象之间的相互变换，从而顺利突破二次函数图象的平移规律这个知识难点.

运用几何画板研究二次函数图象的平移规律，可以让学生在实践中直观感知二次函数图象的平移规律.学生通过数学实验的机会掌握二次函数图象平移规律这个难点，便可获取经验，即“上加下减，左加右减”.教师再引导学生到实际中验证，这样学生对知识就会有更深入的理解，探究能力得到进一步提升.

2.学生运用几何画板探究几何定理的本质.

学生在学习《三角形一边的平行线的性质定理》时，教师传统的教学方式是引导学生从三角形的中位线出发寻找对应线段的比值，进而从特殊到一般，采用面积法等方式来证明该定理.实践证明，部分学生总是由于没有掌握定理导致将比例记忆错误或寻找不到正确比例式.笔者采用以教师主导、学生主体，运用几何画板做数学的实验模式有效地解决了这一学习障碍.

笔者将实验A班学生分成6个小组，如图1，先引导他们绘制△*ABC*，然后绘制线段*MN*，接着在线段*MN*上绘制任意一点*P*，度量点*P*在*MN*上的值.在线段*AB*上绘制点*P*的度量值，过点*D*作*DE*//*BC*交边*AC*于点*E*，度量*AB*，*AC*，*BC*，*AD*，*AE*，*DE*的长度后，运用《几何画板》的计算功能探究*AD*与*AB*、*AE*与*AC*、*DE*与*BC*的比值后制作表格，如表1.

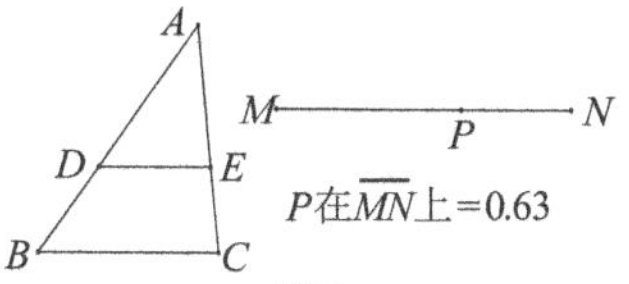

图1

表1

AE	*DE*	*AD*	*AB*	*CA*	*BC*	$\frac{AD}{AB}$	$\frac{AE}{CA}$	$\frac{DE}{BC}$
2.20厘米	2.18厘米	2.92厘米	4.66厘米	3.51厘米	3.49厘米	0.63	0.63	0.63

学生经历上述学习过程后，首先发现规律一：上述三组线段的比值是相等的.接着让每组不同学习层次的学生拖动*A*，*B*，*C*三点，他们就会总结出规律二：拖动点*A*，*B*，*C*三点中任意点，相关线段长度发生变化，但是上述三组比值是不变的；拖动点*P*后，学生会发现上述三组比值是相等的，并且比值大小与点*P*的度量值的大小相等.学生经历上述学习过程后，在猜测和验证中，提高探究的兴趣，接下来老师再通过面积比例法进行论证，让学生准确掌握《三角形一边的平行线的性质定理》的文字语言、符号语言及图形语言，在点*D*的运动过程中掌握相关线段之间的数量关系.

学生通过几何画板绘制几何元素，如本题中点*P*的度量值，可以发现该几何定理的本质：在*DE*//*BC*的前提下，所截得的对应线段永远是成比例的，与△*ABC*的形状及每条边的长度等因素无关.

3.学生运用几何画板提升解决动态数学问题的能力.

【例题】如图2，在△*ABC*中，$\angle BAC=90^\circ$，$AB=AC=2\sqrt{2}$，圆*A*的半径为1，若点*O*在*BC*边上运动（与点*B*，*C*不重合），以点*O*为圆心、*BO*长为半径作圆*O*，求当圆*O*与圆*A*相切时，求*OB*的长度.

学生借助自己制作的几何画板课件拖动点O，即可发现两圆经历了外离、外切、相交、内切和内含等5种位置关系.如图3，在点O运动过程中，OA始终为两圆的圆心距；将“两圆相切的位置关系”转译为“两圆半径之间的数量关系”，即$OA=OB\pm1$，而Rt$\triangle AOD$中，$AD=2$，$OD=|2-x|$，所以根据勾股定理建立方程即可求得线段OB的长度.学生运用几何画板保证了他们在空间想象能力得到补充的情况下，根据圆与圆的位置关系，加上自己的逻辑推理能力即可以解决问题.

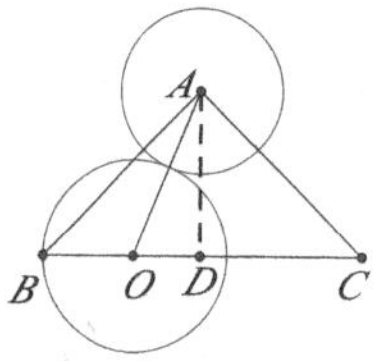

图2

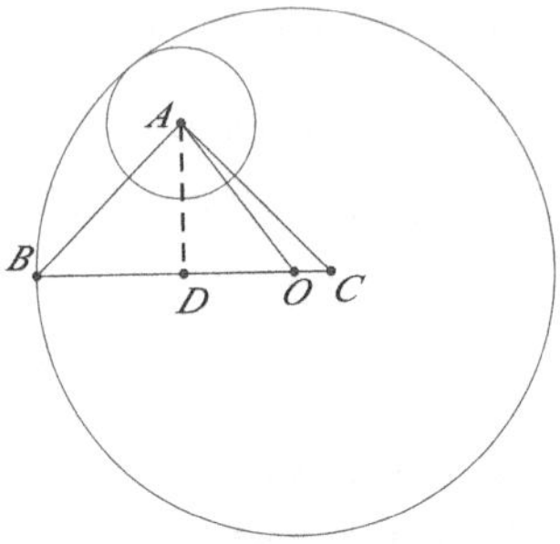

图3

通过实验班与对比班的答题情况可以发现：质优学生都能够借助自己对于两圆相切位置的理解得到圆心距与两圆半径和差之间的数量关系，顺利解决本题；实验班的中等生借助图形能够快速根据位置关系建立数量关系式，对比班的中等生由于空间想象能力及对于两圆相切位置关系等知识没有完全掌握，发生不少漏解的情况，而实验班的中等生由于拖动点O经历了外切和内切两种情况就没有漏解情况发生，直接表现为借助几何画板提升了问题解决的能力；两班级的后进生受诸多因素的影响，答题情况都不乐观.

（二）学生运用几何画板主动地对题目进行变式

1.知识点个案分析.

【例题】如图4，已知点B，C，D在一直线上，$\triangle ABC$和$\triangle ECD$是正三角形，并且这两个三角形都在直线BC的同侧.设线段BE和AD的交点是点H，AD和CE的交点是点N，AC和BE的交点是点M.求证：$AD=BE$.

探究：你能借助几何画板对题目进行变式并探究与边相等的相关结论吗？（等边三角形的边除外）

学生甲：用几何画板可以顺利绘制出几何图形，直接运用几何画板测量功能测量所有线段的长度，可以发现相等的线段有$BE=AD$，$BM=AN$，$EM=DN$等.

学生乙：如果把$\triangle ECD$绕着C点旋转一定的角度，直接运用几何画板测量功能测量所有线段的长度，可以发现相等的线段有$BE=AD$等.

学生丙：如果分别以不在同一直线上的线段BC，CD作正方形$ABCG$和正方形$CDEF$，如图5，直接运用几何画板测量功能测量所有线段的长度，可以发现相等的线段有$BF=GD$等.

教师继续引导学生思考：根据运用几何画板探究所获得的结论，你能够论证这些结论的正确性吗？上述结论不变的原因是什么，为何原题图形旋转后结论不变呢？图形变换为正方形结论也不变呢？你能编制出一般意义上的习题吗？

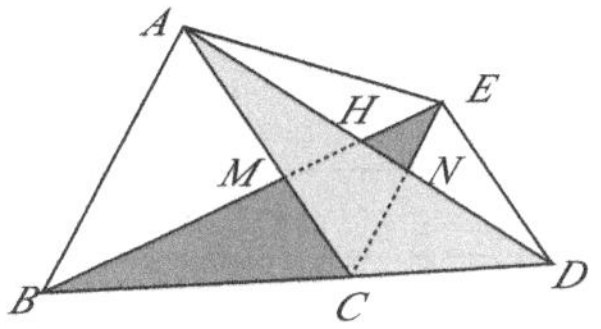

图4

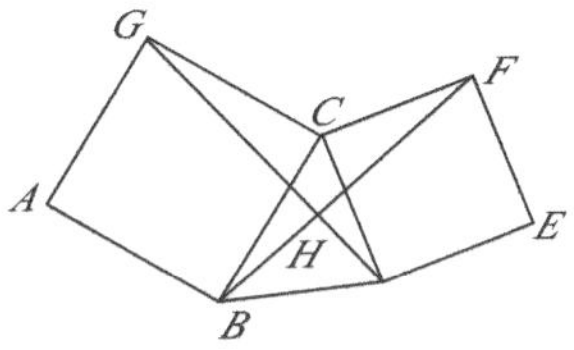

图5

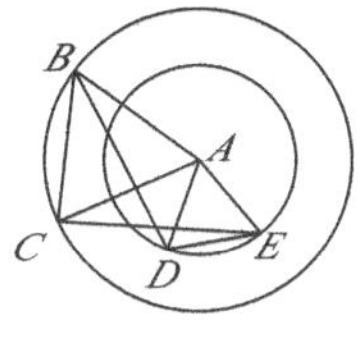

图6

学生丁：如图6，等腰$\triangle ABC$和等腰$\triangle ADE$，连接BD，CE，如果$\angle BAC=\angle DAE$，那么$BD=CE$.

从学生运用几何画板开展探究性编题的过程中可以发现：图形运动过程中不变的本质是存在两组顶角相等的等腰三角形.图形从特殊到一般，变化的是图形的存在方式，不变的是存在一组全等三角形，学生运用几何画板能够探究到此，意味着他们的探究能力获得提升.变式性编题活动不再是教师的专利，同学们借助几何画板及自身对数学知识的理解，同样能够主动地开展探究性编题活动.

2.学生典型个案分析.

王天天是实验A班的一名学生，数学成绩一般在80分左右，中等偏上.用他自己的话说："我就是个智力一般的学生，对数学学习兴趣不高，这样的学习成绩我自己能够接受，想要再提升自己的数学成绩几乎不可能……"

从初三开学后的几次检测，笔者发现王天天的错误源主要表现为：做题马虎、粗心大意，知识掌握不深刻，深入分析问题的能力欠缺，综合运用能力不强，缺少便捷的解题方法和解题技巧.笔者教授实验A班后，通过调查发现，王天天与姥姥住在一起，父母因工作原因不在其身边，他每天都是匆忙完成作业，然后上网玩游戏.

俗话说，"攻城为下，攻心为上".笔者从王天天善于操作电脑的特长入手，经常给他单独布置预习作业，第二天上课时让他现场与老师互动作图，给其他同学展示，意在培养他的思维能力与空间想象能力，逐步提升他对数学的学习兴趣与探究能力.一段儿时间后，班主任反映他每天课间积极完成数学作业，家长说该生在家中通过网络学习了几何画板的作图技巧.在第二阶段的实践中，笔者还把一部分作图能力较差的学生分在他所在的学习小组，让他带动大家一起运用几何画板作图来绘制规范图形，共同提升同学们的探究意识与探究能力.

通过近一年的追踪观察，王天天的数学成绩有了明显的提高，其前、后测试卷得分情况如下表.

表2　王天天同学前、后测试卷得分情况

	第一小题(12分)	第二小题(14分)	总分(26分)
前测试卷	7	5	12
后测试卷	12	10	22

表中数据反映了该生前后测对应习题的得分情况，清晰地说明该生的探究能力获得了很大提升.该生八年级期末测试数学分数为78分，九年级第一学期期末测试数学分数为142分，本学期期中测试数学分数为147分，进一步论证了该生运用几何画板进行探究性学习提升了空间想象能力等，带来的直接成果是测试中不运用几何画板同样能够运用已提升的探究能力解决一系列数学问题.

教师要积极落实同学们的主体地位，引导他们在数学学习中运用几何画板开展探究性学习，在做中学，通过一定情境的构建获取知识，潜移默化中提升探究能力.

（三）实验班学生探究性学习能力优于对照班

1.反映学生探究能力水平的前、后测试卷编制.

前测卷由两道综合题构成，分别为函数型综合题与几何型综合题.第一题主要求解点的坐标、直线的解析式和图形运动中角度的变与不变问题，第二题主要求解折痕的长度、线段与三角形面积之间的函数解析式以及特定状态下的等腰三角形存在性问题.

后测卷选取中考卷两道题，同样分别为函数型综合题与几何型综合题.第一题主要求一次函数的截距、平面直角坐标系中等腰三角形的存在性问题、两圆外切的存在性问题，第二题主要借助三角比求解线段的长度、与双动点问题有关的面积关系式的确定和图形运动中角度的变与不变问题.

两份测试卷既有基础题又有提高题，还有探究性较强的开放题，都考查了学生的运算能力、空间想象能力和逻辑推理能力.

2.前、后测结果分析.

前测试卷测试结果定量对比如表3.

表3　前测试卷测试结果定量对比

	第一小题(12分)	第二小题(14分)	总分(26分)
实验班	6.6	7.2	13.8
对比班	7.5	7.5	15

根据前测试卷实验班与对比班的测试成绩可以发现，实验班的成绩比对比班低，根据二分相关系数计算公式，得

$$\phi=\left|\frac{6.6\times7.5-7.2\times7.5}{\sqrt{6.6\times7.2\times7.5\times7.5}}\right|=0.086.$$

可以说明班级因素基本忽略不计，即两个班级学生探究能力的起点可以初步认定为，实验班学生的探究能力低于对比班的.

后测试卷测试结果定量对比如表4.

表4　后测试卷测试结果定量对比

	第一小题(12分)	第二小题(14分)	总分(26分)
实验班	9.1	8.4	17.5
对比班	8.8	8.2	17

根据表格可以发现，经过近一年的课题实践后，实验班的测试成绩超过了对比班的测试成绩，说明实验班的学生运用几何画板开展探究性实验可以认定是有成效的.实验班与对照班前测与后测均分情况统计如图7.

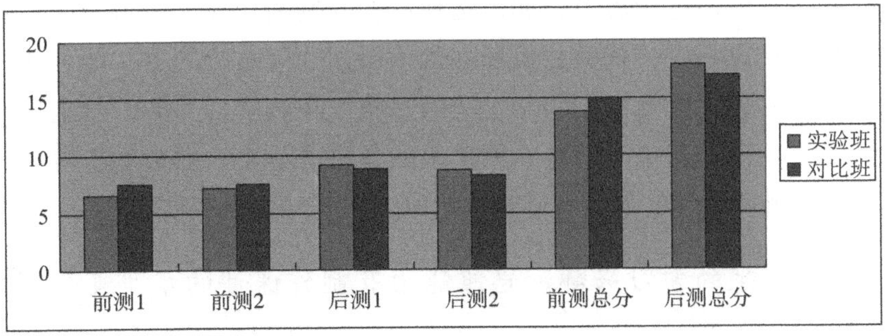

图7　实验班与对照班前测与后测均分情况条形统计

根据条形图，可以发现前、后测试卷每一小题的得分情况和前、后测总分的差异情况.经过一年的实践后，实验班学生的探究能力得到提升.

实验班学生数学学习中运用几何画板辅助学习，在探索中体验成功的喜悦，故学生学习数学的兴趣明显提高，并且他们逐渐形成勤于思考、善于提问的习惯.学生通过自己动手、动脑探索知识，获取知识，因而基础知识学得扎实、技能训练掌握全面，直接表现为教学质量的变化，即实验班在起始均分等各项指标均不如对比班，到九年级数学两次模拟考试时各项指标明显提高.

（四）实验后教师教学理念、专业化发展及思辨能力得到提升

1.课题的实践研究更新了教学理念.

作为一名骨干教师，教学理念要与时俱进.作为课堂教学的组织者，要及时更新教学观念，以学定教，引导学生提高数学学习的能力，尤其是问题解决的能力.所以，在学生数学学习中，引导他们运用几何画板开展探究性学习是提高教学质量的一个抓手.

2.课题的实践研究促进了专业成长.

随着学生课件制作水平的提升，笔者有意识地按照教学预设，让学生在课堂现场制作一些几何证明题的规范图形，或者留下部分内容让学生课下操作.这样做固然有些浪费时间，但可以帮助学生透彻理解线与线之间的数量关系与位置关系，更清晰地理解题意.通过本课题的实践研究，笔者将进一步在备课中重构教材与教学，引导学生运用几何画板开展探究性学习，提高学生对几何画板功能的进一步认识.

3.课题的实践研究提升了思辨能力.

实践过程促使笔者思考：如何选择典型的例题，在学生力所能及的范围内运用几何画板进行探究？例题在价值层面和策略运用上，能否让师生形成思维的碰撞、理念的更新和经验的重构？在数学学习中，学生运用几何画板解决问题的优势有哪些？同班级的各层次学生，在数学学习中运用几何画板有哪些弊端？如何有针对性地加以改进？等等.

（五）学生的学习兴趣、思维能力及制作课件的水平变化明显

有学生认为，参与几何画板课件的制作及使用提高了他们学习数学的

兴趣，激发了他们学习数学的热情，增强了他们学习数学的意志力，所以成绩有明显提升.

有学生认为，每次集中制作几何画板课件时都有学生针对别的同学的做法提出自己的想法，这种辩论可以促进他们思维能力的提升，尤其是问题解决能力的提升.

有学生认为，运用几何画板制作课件可以进一步开拓自己对于数学知识的理解，尤其是对几何作图原理的理解，从而掌握几何知识的本质属性，逐步提高探究能力，提升问题解决的能力.

最近批改学生的作业本时，笔者发现两位学生在精确规范绘制图形的同时，分别针对问题解决的思路以及解题后的反思进行了阐述性说明，这真的是开展探究性学习的意外成果.

学生甲运用几何画板培养了自己学习数学的兴趣，激发了学习数学的动机，所以会主动呈现出问题解决的过程，这属于开展探究性学习的意外成果.学生乙也是运用几何画板培养了自己学习数学的兴趣，拓宽了他对于几何作图原理的理解，所以在解题后反思中他这样写道："图形绘制过程中，抓住角平分线的条件很容易解决问题，但绘制图形时明显感觉到一个圆的存在，可是我又说不清楚，总之一定可以套个圆进去."

可以说两位学生的行为反映出当前以学定教的课改背景下，激发学生学习兴趣，引导学生开展探究性学习，继而提升解决问题能力的重要性和必要性.

五、初步结论

运用几何画板开展探究性学习，保证学生具备了操作数学的过程，给了学生一个数学实验的机会，更是给了学生一个自主探究的工具，促使学生可以进行自主的探究活动.

基于课题研究的过程，笔者研究了学生运用几何画板开展探究性学习的案例，质优、中等及后进生等三类学生的答题表现总结如表5.

表5　质优、中等及后进生等三类学生的答题表现

分类		A班（实验班）	B班（对照班）
质优生	弊端	部分同学对几何画板作图存在一定的依赖性，表现为脱离《几何画板》软件导致空间想象能力不够理想，导致问题解决能力不强，即探究能力的高低受制于多重因素的影响	部分同学由于绘制的草图不规范，导致探究受阻，表现为问题解决的能力有待提升，即探究能力的高低受制于多重因素的影响
	优势	能够结合自己学习水平将题目中文字语言转译为图形及符号语言，表现为具备运用几何画板绘制出规范图形的能力，即可以遵循“猜测、验证、论证”的思维方式进行科学探究；利用软件绘制出规范图形，解题能力得到有效提高，学生的学习方式转变为我要学，属于发现式探究	能够根据自己学习水平及学习经验将题目中文字语言转译为图形及符号语言，即遵循“猜测、验证、论证”的思维方式进行科学探究，属于发现式探究，与实验班相比，差异性不大
中等生	弊端	受自己学习水平等因素的影响，具备一定的探究能力，对于几何画板绘制的图形依赖性较强，即空间想象能力与逻辑推理能力不够理想	很多同学由于解题经验及空间想象能力不足，导致无法绘制出规范图形，即探究能力不足；还有部分同学没有解决问题的意志品质，面对问题采用放弃态度
	优势	探究能力得到加强，具体表现在学生提出问题的能力有进步，能够对探究的问题提出猜想及假设，进而根据自己或者合作伙伴所作图形可以对结果进行部分论证；能利用《几何画板》软件绘制出符合题意的规范图形，解题能力得到极大的提高，属于发现式探究	囿于自身学习能力的影响，在老师的鼓励下，能够积极地根据题意进行合理探究，对于处理过的习题，能够积极主动探索，同时老师启发后能够独立地获得问题的结果，可以说属于接受式探究
后进生	弊端	受自己学习水平等因素的影响，自己没有独立探究的能力	受制于学习水平等因素，不具备独立探究的能力
	优势	能够在老师温情教育的引导下，根据自己的学习能力解决一部分基础问题，但该班级中有两位后进生对于学习单上的综合性问题基本处于放弃状态	由于笔者为对比班班主任兼数学教师，班级中的后进生能够积极主动力争完成“双基”内容，面对学习内容，无放弃状态的学生

从上述实验班与对比班的横向对比，质优生、中等生、后进生三类学生的纵向对比可以发现：

（1）学生能够运用几何画板开展探究性学习活动；

（2）学生运用几何画板学习对提高探究性学习能力有积极作用；

（3）学生运用几何画板学习能提升学习的主动性、创造性；

（4）教师敢于放手让学生运用几何画板进行操作是教学双边关系的一次重大变革；

（5）几何画板是行之有效的辅助性学习手段之一.

六、后续思考

在今后的研究中，本课题还将力求解决这样几个问题：

（1）哪些内容真正适合学生运用几何画板学习，从而达到提升探究能力的目的？还可以采取哪些教学策略等仍需进一步研究.

（2）学生运用几何画板的主要作用是提升思维能力，实现小组合作学习，这对于他们共同探索未知的结论，可以起到很好的验证作用.但是这里面还存在一个度的把握问题，即如何真正让几何画板的动态演示效果恰好是自己思考的结果？否则就会出现动态演示的效果直接替代自己思考的结果，反而适得其反，弱化学生数学学习中的探究能力.

（3）能否恰如其分地将学生学习中运用几何画板和教师教学时运用几何画板结合起来，真正从教学双边关系的角度实现提升学生探究能力的同时，也提升教育教学的质量.

本课题研究成果目录

（一）报告与方案

附件1　课题申请书（略）
附件2　开题报告（略）
附件3　第一阶段实践研究方案
附件4　第二阶段实践研究方案

（二）小结与课题进度表

附件5　第一阶段工作小结
附件6　第二阶段工作小结
附件7　课题结题工作报告
附件8　课题各阶段进度表（略）

（三）问卷、测试卷调查及分析

附件9　影响中学生数学学习能力的情感因素分析及问卷
附件10　基于前测试卷的学生探究能力的现状分析
附件11　基于后测试卷的学生探究能力的现状分析

（四）课题通讯及其他

附件12　课题研究通讯（略）
附件13　几何画板培训教程（略）
附件14　学生运用几何画板开展探究性学习作品集（略）

（五）课例、案例及论文

附件15　学生运用几何画板开展探究性学习的实践反思（略）

附件3

第一阶段实践研究方案

基于课题研究目标的实施，在“优青”带教导师的专业引领下，制订了第一阶段的研究方案.具体计划如下：

（1）制订第一阶段的实施计划.

（2）针对参与实验的A班和对比的B班运用前测试卷进行测试，进而基于前测试卷的表象特征及学生的平时表现，完成基于前测试卷的学生探究能力的现状分析.

（3）基于课题研究目的，指导A班学生学习如何运用几何画板，即对学生数学学习中如何运用几何画板进行培训，鼓励学生积极运用网络资源进行学习，达到提升运用几何画板的能力，并且刻录出几何画板基本教程.

（4）记录、整理第一阶段材料，填写第一阶段课题进度表.

以上为初步计划，并且实践研究结束后写出第一阶段工作小结和第二阶段实践研究方案.

2011年9月18日

附件4

第二阶段实践研究方案

基于第一阶段的实践研究，即在参与实验的两个班级学生的探究能力的测试及现状分析和基于课题的实践基础上，制订第二阶段课题实施方案．具体计划如下：

（1）以两个实验班级作为主要实施对象，选取相似三角形、锐角三角比、二次函数等为背景编制学习单，共计5个课时，具体指导学生学习中如何运用几何画板提升探究能力．

（2）以学生探究能力学习单为载体，引导实验A班学生数学学习中运用几何画板进行研究，引导实验B班学生学习中不运用几何画板进行研究，并且每次针对A班、B班学生研究成果进行对比．

（3）每份学习单运用完毕，都要撰写学习单学生研究情况说明，为最后的课题结题做准备，并且做好资料的存档，形成物化成果．

以上为初步计划，并且实践研究结束后写出第二阶段工作小结．

2011年12月8日

附件5

第一阶段工作小结

2011年申请的区规划课题“初中生运用几何画板开展探究性学习的研究实践”自开题以来，笔者就该课题在学生数学学习中探究能力的现状进行了深入研究，并对学生学习中如何运用几何画板进行了培训，圆满完成了第一阶段的任务，总结如下：

一、构建理论平台，做好实验准备

（一）建构主义理论

建构主义理论认为，知识不是教师传授得到的，而是学习者在一定的情境下通过意义建构的方式获得的．该理论注重数学教师的教（知识的灌输），而新的初中数学课程改革评价方式愈加关注过程性学习目标的考查．由美国Key Curriculum Press公司制作并出版的教育软件《几何画板》能够培养学生的空间想象和思维能力等．使用几何画板，可以让学生在做中学，提升探究的主动性，更加透彻地理解概念、定义、定理等，加深学生对数学研究对象本质属性的理解．

（二）主体性教学理论

主体性在一定意义上可以说是人最基本的属性，所以培养学生的主体性，激发学生的自主探究能力，是主体性教育的最终追求．传统的数学学习方式注重知识的记忆及运用，而新的初中数学课程改革的要求之一就是注重让学生明白知识的发生和形成过程，达到提高学生寻找问题、解决问题的能力．在这个前提下，“初中生运用几何画板开展探究性学习的研究实践”

可以最大限度地落实学生的主体地位，进一步提升学生发现问题、分析问题，继而解决问题的能力，同时这也是教师改进教育教学的有效方法之一.

二、更新教师教学观念、端正学生学习态度是做好课题实验的关键

（一）师生转变思想观念，改变双边的思维方式和行为模式

师生思想的转变是一个循序渐进的过程，为此，笔者分两步进行：

第一步，笔者外出听课学习，参加各种培训，用现代化教育思想武装头脑.通过学习，笔者发现现代化教育技术被越来越多地引入教学领域，在教育教学中越来越重要.用《几何画板》软件进行教学可以提升学生学习数学的兴趣，因此，数学教师要积极提高自身运用多媒体的能力，培养出高素质的人才.

第二步，通过几何画板的教学提升学生学习数学的兴趣，让教师与学生的观念一起转变.这样学生对数学知识的本质属性会有更深刻的理解，如学生在第一课时的学习中对“点在线段上、点在射线上”等字眼捕捉到位，解题能力即探究能力得到进一步提升.

（二）强化实验A班技术培训，提高学生运用几何画板的能力

针对《几何画板》中不同菜单的功能及基本几何内容，此次教学实验安排了4个课时的培训内容，使实验班学生基本掌握几何画板的操作要求.在4个课时的培训中，不仅要求学生掌握几何画板的基本菜单功能，更重要的是要让学生理解如线段、射线、直线等知识点的关联，实现几何画板与数学学科课程的整合.在第一阶段，对学生的探究能力进行测试后，对于实验A班的学生采取集中培训（4课时）和分散学习（推荐网络学习）相结合的办法，充分激发学生学习的自主性和积极性.

三、探索学习新模式

实验的第一阶段，首先针对参与实验的两个班学生的学习能力进行了实践前测试，记录了实验班与对比班学生成绩的目前水平，进而针对两个

班学生的数学学习能力的现状进行分析，以此作为学生探究能力的现实起点.

其次，开展“初中生运用几何画板开展探究性学习的研究实践”研讨课活动.结合数学学科特点，笔者在课堂上充分利用几何画板作为载体驱动学生的学习活动，提高学生的学习兴趣和探索精神，培养学生获取信息、处理信息的能力，增强学生的参与意识；同时多角度将教学信息快速传递给学生，突破重点、解决难点，加深学生对知识的理解，体现学生主体、教师主导的原则.

最后，在培训过程中，信息技术与学科课程整合显示出超强的生命力，让笔者充分体会到二期课改理念的引领作用.二期课改理念倡导学生主动参与，乐于研究，勤于动手，注重培养学生收集和处理信息的能力、分析和解决问题的能力、交流和合作的能力，以及数学的探究能力.

四、课题实验的阶段性成果

开展“初中生运用几何画板开展探究性学习的研究实践”活动，可以促进学生探究能力的提升，阶段成果如下：

（一）教师认识水平不断提高

学校教育技术环境建设的快速提升以及教学实践的尝试，让笔者感受到了学习资源的丰富和扩大.方便快捷的教与学、学与学交互，为建构主义提供了理想的认知工具，它不但使建构主义理论有了实施的手段，而且推动了建构主义的进一步发展和完善.同时，学生参与教学活动的机会大大增加，对培养学生的创新精神和实践能力起到重大作用.

（二）实验班学生探究能力的现状分析

分别以一次函数为背景融入面积问题、图形运动中的不变性和直角三角形为背景融入函数问题、等腰三角形的存在性问题，考查了学生的“双基”水平和探究能力的现状，并把两个班级学生每题的均分和总平均分作为探究能力的起点（实验前数据）.

具体成果：学生探究能力的现状分析.

（三）实验A班学生运用几何画板技能全面提高

九年级的学生进入相似三角形章节的学习前，已经初步掌握了图形与几何的很多知识.经历了4个课时的培训后，实验A班很多学生会用几何画板制作简单的几何画板课件.

具体成果：4个课时的培训光盘.

五、第一阶段实践研究引发的思考

在课题的第一阶段研究实践过程中，笔者不断受到观念的冲击、技术的阻碍，体验着探索的艰辛，引发了广泛而深入的思考.

（一）信息技术与学科课程整合将成为数学学科教学改革的支柱

基于多媒体和网络环境的教学突破了简单的演示型模式，有机地结合了多媒体的形象性、生动性和网络环境丰富的信息资源这两种优势，并在教学思想上强调学习是被促进和支持的，而不是受到严格的控制和支配.同时，这种教学模式以学生的学习活动为中心，注重学习活动的灵活性、实用性和时效性，使学生在学习过程中真正成为信息加工的主体和知识意义的主动建构者，培养了开放交往能力以及实践创新的意识和能力.

（二）几何画板在数学课堂教学中的运用对教师提出了更高的要求

信息化时代的教师必须有更高的素质.对教材、教法、学生的把握是传统教学模式所一贯强调的，这一基本功在信息时代显得更加重要，同时也被赋予了新的内容，如教材的处理、学生的新特性、教法的变革等.

（三）几何画板在数学课堂教学中的运用对学生也提出了更高的要求

建构主义理论的内容很丰富，用一句话可以概括核心理念：以学生为中心，强调学生对知识的主动探索、主动发现和对所学知识意义的主动建构.所以，学习中制作并运用几何画板对学生的学习品质提出了更高的要求，即自主学习能力和自主探究的能力.

（四）第二阶段尚待解决的问题

课题实验正在探索中，不可避免地存在着不足之处.如何有效引导三类学生探究能力得到显著提升？采取什么方式诱发学生的主动参与？针对学生的实践作业如何进行有效分析？由于资源量大，如何保证分析思考过程的价值？等等.

总之，导师及学校领导为课题研究工作创造了良好的机遇与环境，第一阶段尽管取得了一定的成果，但是今后要做的工作还很多.如推进实验A班学生学习过程中对于几何画板的普遍应用，为提升学生数学探究能力的提升做出一些有益的尝试.进一步监控实验A班、对比B班，对两个班级学生学习能力的测试及时记录，分析影响三类学生探究能力的水平与哪些因素有关，同时更加注意原始资料的积累，不断总结经验和教训等.

2011年12月

附件6

第二阶段工作小结

区规划课题“初中生运用几何画板开展探究性学习的实践研究”自从开题以来，在学生现有探究能力及第一阶段实践研究的基础上，圆满完成了第二阶段的研究任务.

笔者采用优选习题、精心设计学习单的形式，引导学生针对学习单上的习题运用几何画板进行问题解决，从而达到逐步提升实验班学生探究能力的预设目标.

盘点这一年的课题研究，笔者和学生有成功的喜悦，也有失败的辛酸，现将第二阶段的研究工作总结如下：

一、第二阶段的预期目标

第一阶段的课题研究是为第二阶段的课题研究作铺垫，第二阶段的实践研究才是本课题研究实施的关键阶段.

预期研究目标如下：

（1）探寻三类学生运用几何画板学习数学的心理需求；

（2）培养学生使用几何画板寻找数学问题的敏感性、解决数学问题的策略性、拓展数学问题的创造性.

二、第二阶段的研究内容

在第一阶段研究的基础上，第二阶段针对参与学生的实际情况，采用精选习题、设计学习单的方式，引导学生学习中运用几何画板进行问题解决的实践研究.

这里需要指出的是：学生运用几何画板研究数学问题的切入点有函数中两个变量之间的关系、平面几何图形中线与线之间的数量与位置关系、图形的动态变化过程中变与不变的关系等.

一是进一步鼓励学生针对学习单上的习题运用几何画板进行发现式学习，统计分析学生的答题情况，寻找学生数学探究能力得到提升的典型案例，其临床表现为获得巧妙或者优秀解法.

二是针对学生的学习单进行整体分析，捕捉学生提升探究能力的心理需求，尤其是运用几何画板进行发现式学习的策略性和创造性.

三是使用后测试卷再次测量学生数学探究能力，与前测试卷进行对比分析，进一步统计分析各个层次学生使用几何画板学习后的弊端，总结影响学生数学探究能力提升的核心因素，以及学生数学学习中没有运用几何画板存在的影响.

三、第二阶段的研究过程及阶段性成果

围绕第二阶段的研究目标及研究内容，笔者引导实验班和对比班的学生进行了一系列的实践研究，具体体现在以下几个方面：

（一）优选例题，设计了5份基于提升学生探究能力的研究性学习单

这些例题既有立足“双基”的基础题，又有研究函数中两个变量之间的关系、平面几何图形中线与线之间的数量与位置关系、图形的动态变化过程中变与不变的关系等的区分度较高的研究性试题，主要目的在于测试学生提升探究能力的心理需求，培养学生进行发现式学习的策略性和创造性.

具体成果：5份学习单.

（二）引导两个班级的学生针对学习单上的习题进行实践研究

针对学习单上的习题，引导A班学生每周一次进行实践研究，进而对学生答题情况作基本的分析.这里让学生先运用几何画板进行辅助学习，针对学习单上的习题进行解答，然后师生共同分析，从而达到逐步提升学生运

用几何画板制作课件以及提升探究能力的目的.针对对比B班，学习单作为一份练习，安排1节课让学生进行解答，然后教师进行批改，师生共同分析，期望学生探究能力逐步获得提升.

具体成果：5份学习单上学生答题情况汇总.

（三）基于学习单及学生答题情况总结学生探究能力提升的表征

学生的探究能力主要包括发现问题的能力、探究研究对象的关系与规律的能力、解决问题和拓展问题的能力.这里尤其关心实验班学生答题的敏捷性、问题解决的策略性和创造性.对比班学生没有运用几何画板进行辅助学习，他们的探究能力是否受到影响，即学生学习中不运用几何画板是否可行？在实践研究过程中，笔者欣慰地发现，区分度较高的第三小题在两个班级的学生中都发现了优秀解法，体现了学生探究能力的变化情况.

具体成果：案例集系列.

（四）基于实践的后测试卷的命制和测评情况

基于测试学生的探究意识（探究的兴趣及意志品质）、探究方法技能（搜集信息的技能、合作探究的技能、探究的习惯）、探究思维能力（想象和思维能力、质疑与创新能力），笔者精心设计了两道典型试题，对两个班学生进行能力测量.

第一小题以一次函数为背景，考查点的坐标的确定，主要包括定点的考查和分类讨论数学思想（以等腰三角形存在性问题和两圆外切问题为载体考查学生的探究能力）.

第二小题主要考查学生对于相似三角形的性质、判定定理及锐角三角比知识的掌握，这里既有特殊状态下的线段长的求解，又有函数关系式的确定，还有开放性问题（角度大小的求解）.

可以说，后测试卷与前测试卷具有一定的共性：首先试题的命制按照《上海市中小学数学课程标准（试行稿）》的要求在巩固“双基”的基础上，考查学生的探究能力.前、后测试卷也有一定的差异性或者说互补性，综合考查了方程与代数、函数与分析、图形与几何等初中数学内容的重点内容，方程思想、函数思想、数形结合、分类讨论等重要数学思想，学生的画图能力即空间想象能力.测试后，笔者针对后测试卷进行了针对分析.

具体成果：二次测试后学生探究能力的现状分析.

四、第二阶段实践研究引发的思考

经过近一年时间的研究，已经取得了一定的成果，如实验班整体成绩已经在四月份的第二次模拟测试中从年级总均分倒数第一变成正数第一.基于参与实验的对象为九年级学生，迫于升学的压力，中学数学教学未能摆脱各级考试指挥棒的束缚，使得中学数学教学在一定程度上存在轻过程、重结论的问题，要在短期内通过一个阶段的实践研究来提升学生的数学探究能力还存在许多局限性.这里值得思考的问题有：学生探究能力提升的核心因素是什么？他们的临床表现是什么？三类学生的探究能力得到明显提升了吗？针对学生的实践作业如何进行有效分析？资源信息量大，如何保证分析结果具有说服力？

后阶段，笔者将整理分析研究资料，总结出影响提升学生探究能力的核心因素，并认真填写结题报告书，撰写课题研究报告，计划于2012年9月申请结题.

2012年8月

附件7

课题结题工作报告

基于提升浦东新区第二期“优青”教师专业化素养的目的，浦东新区教科研室为第二期“优青”教师的成长搭建了平台，确立了规划课题项目.所以笔者在导师及校长的支持下，特向区教科研室申请了规划课题“初中生运用几何画板开展探究性学习的实践研究”且申报成功.一年来，在校长及“优青”导师的专业引领及建构主义和主体性理论的支撑下，笔者引导初中学生数学学习中运用几何画板绘制图形，通过构建的方式获得数学知识，最大限度地落实学生的主体地位，激发他们的学习兴趣，达到了促进学生探究能力提升的研究目的.

一、研究基本过程

（一）准备阶段

2011年3月24日，笔者课题立项论证会在上海实验学校举行.在特级教师翁昌来的专业引领下，论证会针对课题研究预设的背景、研究价值、理论依据、预期目标、研究内容及研究方法等方面进行了仔细研讨，笔者感觉收获巨大.

2011年3月29日，笔者将修改后的课题申请书递交严福明校长.严校长要求笔者认真揣摩课题研究方向和研究目标，学习教育科学课题研究的方法，密切联系学生实际，全面提高课题研究的效率和质量.基于上述课题论证会及咨询会，笔者制订了第一阶段的课题研究方案.

2011年12月25日下午，区规划课题开题论证会在浦东新区老港中学举行.特级教师翁昌来就如何进行课题实践、课题实践的一般流程以及每个阶段的重点事项等进行阐述.接着，笔者就规划课题研究的背景、研究价值、理论依据、预期目标、研究内容及研究方法等多方面做了开题报告，然后以翁昌来、严福明、毛永强为主导的课题论证组专家与笔者进行了答辩式互动.笔者运用理论支撑分析课题现状，对课题预期研究成果充满信心.翁昌来老师特别提到，在课题实践过程中保证课题研究过程要实实在在，过程性材料的收集和整理要齐而全.严福明校长建议笔者，从参与课题实践的两个班级的实际情况出发，做课题的最终目的要归于提升学生问题解决的能力.所以基于本次会议，笔者又制订了第二阶段的课题研究方案.

（二）课题实施第一阶段

在导师及校长的支持下，笔者顺利确定了第一阶段的课题研究方案，确保了课题研究的方向更明确，目标更准确.

基于课题研究的需要，笔者针对学生学习成绩的现状、提升数学探究能力的学习意志、学习兴趣、学习信心等方面设计了一份调查问卷，形成了关于“影响中学生数学学习能力的情感因素”的问卷调查报告.

为了更好地确定课题研究的现实起点，笔者针对参与实验的A班和对比的B班运用前测试卷进行测试，进而基于前测试卷的表象特征及学生的平时表现对于学生探究能力的现状进行分析.

为了配合课题研究顺利进行，校计算机网络教室安装了几何画板5.03版本软件.在学校的大力支持下，笔者设计了4个课时的几何画板教程，引导实验A班的学生学习如何运用几何画板软件，期望帮助大多数学生能够根据题意获取独立制作课件的能力.

最后笔者在第一阶段实践研究的基础上，总结第一阶段的成功经验与不足，撰写了第一阶段的工作小结及第二阶段课题研究方案.

（三）课题实施第二阶段

基于第一阶段的实践研究，即在参与实验的两个班级学生的探究能力的测试及现状分析、学生学习了运用几何画板的实践基础上，笔者运用几何画板进行教学的同时设计了5份学生单.设计这些学习单的目的有两个：一是提升学生运用几何画板作图的水平，二是测定学生探究水平的变化情况.

具体做法如下：

（1）以两个实验班级作为主要实施对象，选取相似三角形、锐角三角比、二次函数等为背景编制学习单，共计5个课时，具体指导学生如何运用几何画板提升探究能力.

（2）以学生探究能力学习单为载体，引导实验A班学生运用几何画板进行研究，实验B班学生学习时不运用几何画板进行研究，并且每次针对A班、B班学生研究成果进行对比.

（3）每份学习单运用完毕，从课题研究的目的出发撰写学生研究情况说明，为最后的课题结题做准备，并且做好资料的存档，形成物化成果.

笔者在第二阶段实施的基础上设计了后测试卷，意在测定学生课题实施后探究能力的真实状况，并形成了案例“第二阶段学生探究能力现状分析”.

最后笔者在第二阶段实践研究的基础上，总结第二阶段的成功经验与不足，撰写了第二阶段的工作小结.

（四）总结阶段

2011年3月，区规划课题中期论证会在浦东新区老港中学举行.特级教师翁昌来就实验前后学生探究能力的变化情况、影响学生探究能力的核心因素等方面进行了仔细提问，翁老师尤其强调总结阶段研究时，务必思辨一些问题，如：探究能力包括哪些方面？学生学习中运用几何画板做了哪些事？为什么运用几何画板教学会促进学生探究能力的变化？学习中不运用几何画板对学生的探究能力是否存在影响？

笔者所在学校校长严福明针对实验班与对比班三类学生的数学探究能力的表征进行了提问，提出要以学定教，提升学生的探究能力；陆爱祯老师针对笔者课题实施的收获等进行了提问，同时对学生的学习收获进行了访谈.

在三位课题专家的指引下，在本次中期论证会专家提出的核心问题的引领下，笔者对于所研究的课题有了进一步认识，结合课题的实践成果及时撰写课题工作报告及课题结题报告.

二、研究主要内容

通过“初中生运用几何画板开展探究性学习的实践研究”，探寻学生学习中运用几何画板的途径、策略、方法以及学生数学学习中如何使用几何画板提升探究能力，探寻学生运用几何画板辅助学习的心理需求，以及学生运用几何画板寻找数学问题的敏感性、解决数学问题的策略性和拓展数学问题的创造性.具体专题研究内容如下：

1.学生运用几何画板制作课件的专题研究.

2.学生运用几何画板进行数学实验提升探究能力的专题研究.

3.学生根据学习单上问题运用几何画板探索、解决数学问题的专题研究.学生运用几何画板研究数学问题的切入点：一是函数中两个变量之间的关系，二是平面几何图形中线与线之间的数量与位置关系，三是图形动态变化过程中变与不变的关系等.

4.学生运用几何画板学习前后探究能力变化的专题测评研究.笔者借助平行班进行对比试验：A班学生在数学学习中运用几何画板，遵循“问题—研究—交流—反思”的认知规律，进行合作学习；B班学生在数学学习中不运用几何画板，同样落实学生主体地位，进行合作学习.

5.学生探究能力变化追踪的个案专题研究及基于教材知识点的个案专题研究.一是在相似三角形、锐角三角比、二次函数、涉及数形结合的综合题，分别选取典型案例让学生学习中运用几何画板进行实操，捕捉学生运用几何画板寻找数学问题的敏感性、解决数学问题的策略性和拓展数学问题的创造性.二是课题实施过程中，对实验班的学生在数学学习中运用几何画板提升数学探究能力的典型个案进行研究，探寻其数学探究能力提升的根源在什么地方，是否具有推广性等.

三、研究主要成果目录

（一）报告与方案

附件1　课题申请书

附件2　开题报告
附件3　第一阶段实践研究方案
附件4　第二阶段实践研究方案

（二）小结与课题进度表

附件5　第一阶段工作小结
附件6　第二阶段工作小结
附件7　课题结题工作报告
附件8　课题各阶段进度表

（三）问卷、测试卷调查及分析

附件9　影响中学生数学学习能力的情感因素分析及问卷
附件10　基于前测试卷的学生探究能力的现状分析
附件11　基于后测试卷的学生探究能力的现状分析

（四）课题通讯及其他

附件12　课题研究通讯
附件13　几何画板培训教程
附件14　学生运用几何画板开展探究性学习作品集

（五）课例、案例及论文

附件15　学生运用几何画板开展探究性学习的实践反思

附件9

影响中学生数学学习能力的情感因素分析及问卷

基于课题“初中生运用几何画板开展探究性学习的实践研究”，笔者针对参与课题实验的两个班级做了关于影响中学生数学学习能力的情感因素调查问卷.问卷的调查采用不记名方式，共发出问卷58份，收回问卷58份.

一、调查结果实情分析

第1题，接受调查的学生成绩90分以下（150分制）的占13.7%.考虑到样本选择的问题，数据基本上是符合实际的.

第2题，反映同学们对数学的学习兴趣，有25.8%的同学喜欢数学，50%的同学对数学一般喜欢，由此可见，不喜欢学数学或对数学没感觉的同学并没有想象得多，情况还算比较乐观.

第3题，主要是了解学生对数学感兴趣的地方，有48.5%的同学选择“数学对今后的发展有用”，26.6%的同学选择“学习数学很有成功感”，可见同学们都体会到数学的重要性以及学习数学的乐趣.因“数学老师”而喜欢数学的同学只占5%，说明老师对学生学习数学的影响力不够.

第4~6题，主要是了解学生学习数学的动机，因“喜欢数学”而学的同学占22.4%，因“升学需要”而学的同学占68.9%.由此可见，第3题近半数同学选择“数学对今后的发展有用”主要指对今后升学有用，看来大多数同学还是迫于种种考试压力在被动地学习数学.

第7~10题，主要是了解学生学习的意志，统计结果显示，大多数同学对数学努力程度不够，解题意志薄弱，遇到困难时便会选择求助，仅有13.7%的同学会越挫越勇，渴望自己解决问题，挑战自己的实力.

第11~13题，主要反映学生的学习自信心，62.1%的同学认为自己智商“平平常常”，3.4%的同学认为自己“很笨”，仅有20.7%的同学认为自己“比较聪明”并相信自己能学好数学.有半数以上的同学担心自己的数学成绩，这说明同学们普遍自信心不足，且对数学学习有忧虑感.

第14题，是基于学生的学习兴趣、学习意志和信心问题，可以更好地捕捉“利用学习软件帮助学生破解思维障碍、提升探究能力”的心理想法.调查结果显示，对于利用软件能否提升学习，82.77%的同学认为能提升学习成绩，5.17%的同学认为很难接受利用软件学习，12.06%的同学认为用不用无所谓.这说明，大部分学生具有提升学习成绩，尤其是探究能力的强烈动机.

二、调查结果的成因说明

笔者在进行实践时，测试对象为八年级的班级，由于年龄因素，八年级的学生心理上正处于厌学期.此时，影响学生学习成绩尤其是探究能力的情感因素主要包括学习的兴趣、学习的动机、学习的信心和学习的意志力.

（一）学习的兴趣

学生对某一学科有兴趣，就会持续地专心致志地钻研它，从而提高学习效果.兴趣可以成为学习的原因，兴趣又是在学习活动中产生的，也可以作为学习的结果.学习兴趣大体上可以分为直接学习兴趣与间接学习兴趣两种.前者是由所学材料或学习过程直接引起的，后者是由学习活动的结果引起的.间接学习兴趣具有明显的自觉性.当一个人意识到学习的社会意义或与自己的关系时，学习兴趣就随之产生.

（二）学习的动机

学习动机是推动学生进行学习活动的内在原因，是激励、指引学生学习的强大动力.学生的学习活动是由各种不同因素组成的整个系统引起的，如学习的需要、学习的信念、学习的兴趣、爱好或习惯等.从事学习活动，除要有学习的需要外，还要有满足这种需要的学习目标.学生学习动机的主要内容包括对知识价值的认识（知识价值观）、对学习的直接兴趣（学习兴趣）、对自身学习能力的认识（学习能力感）、对学习成绩的归因（成就归因）等四个方面.

（三）学习的信心

自信心，是一个人自己相信自己的愿望或预想一定能够实现的一种心理状态，是一个人自我意识的重要组成部分.学习的信心是学生认可自己是否能够成功的一种心理状态.每个学生的成功都是以自信心为起点的，但自信心又是建立在勤奋耕耘的基础之上的.

（四）学习的意志力

学习的意志力指学生为完成学习任务而持续地克服困难的能力，通常以每次学习活动所持续的时间长短为标志.有的学生缺乏毅力，自觉控制力较差，学习中遇到困难时往往不肯动脑思考，遇难而退，或转向教师、同学寻求答案.这样的学生做事情没有持久性、稳定性，遇到小问题也会退缩，对自己的行为缺乏应有的控制力，容易被外界一些事情所诱惑，缺乏责任感等.

上述调查结果显示，有些学生的学习动机不足，学习目的不明确，学习情感淡漠，学习无兴趣，学习意志薄弱，自制力较差，甚至有懒惰情绪等；也一些学生缺少父母的关爱，对于学习感觉没有希望，产生了兴趣转移，如迷恋网络游戏等.

俗话说，“攻城为下，攻心为上”.笔者将在课题实践中，努力帮学生树立学习的信心，激发学习的兴趣与动机，培养学习的意志力，确保课题实践顺利进行的同时，提升学生的数学探究能力和数学教学质量.

影响中学生数学学习能力的情感因素调查问卷

感谢你接受调查，请同学们根据自己的实际情况填写!

1.你现在的数学成绩所处的分数段（满分150分）是（　　）

A.135分以上　　B.120～135分　　C. 113～120分

D.90～113分　　E.90分以下

2.你喜欢数学吗?（　　）

A.喜欢　　B.一般喜欢　　C.不喜欢　　D.没感觉

3.你对数学感兴趣的是什么？（　　）

A.数学老师　　B.数学对今后的发展有用

C.学习数学很有成功感　　D.无兴趣

4.你学习数学的动机是什么？（　　）

A.喜欢数学　　B.升学需要　　C.根本不想学数学

5.你觉得学习数学有用吗？（　　）

A.非常有用　　B.用处不大　　C.没用

6.你认为数学学习的好坏对自己将来的前途和命运有影响吗？（　　）

A.影响很大　　B.影响不大　　C.不会有任何影响

7.你认为自己用功学习数学了吗？（　　）

A.非常用功　　B.没怎么用功　　C.没用功

8.相比其他同学，你的数学草稿纸用的情况是（　　）

A.用得特别快　　B.正常消耗　　C.基本上不怎么用

9.历尽各种方法，到头来还是解决不了的数学难题，你觉得（　　）

A.浪费时间，白费功夫

B.得到了锻炼，提高了自己的数学能力

C.无所谓

10.数学练习中遇到困难时你会（　　）

A.直接放弃　　B.直接看参考答案

C.请教老师或同学　　D.越挫越勇

11.你认为自己的脑子（智商）属于（　　）

A.比较聪明　　B.平平常常　　C.很笨

12.你对学好数学（　　）

A.相信自己能学好　　B.感觉还可以

C.怀疑自己的能力　　D.试试看

13.与其他同学相比，你对自己的数学成绩（　　）

A.一点都不担心　　B.不担心　　C.介于担心与不担心之间

D.担心　　E.特别担心

14.如果辅助软件可以帮助你学习数学，你能接受吗？（　　）

A.能接受　　B.不接受　　C.无所谓

附件10

基于前测试卷的学生探究能力的现状分析

探究亦称发现学习，是学生在学习情境中通过观察、阅读，发现问题，搜集数据，形成解释，获得答案并进行交流、检验的学习.探究能力是一种积极解决问题的能力.数学探究能力主要指学生经历思考、反思、感悟后获取自己对于某种问题的迁移性反思或进行自觉分析的一种学习能力.学生探究能力的高低将决定其能否发现函数中两个变量之间的关系、平面几何图形中线与线之间的数量与位置关系、图形的动态变化过程中变与不变的关系等，直接反应为学生问题解决能力的高低.

一、前测试卷的设计思路

基于测试学生的探究意识（探究的兴趣及意志品质）、探究方法技能（收集信息的技能、合作探究的技能、探究的习惯）、探究能力（想象和思维能力、质疑与创新能力），笔者精心设计两道典型试题作为前测试卷，选取参与实验两个班级的学生针对上述探究能力的内涵进行测量，现将设计思路做初步分析.

【例1】如图1，在平面直角坐标系中，直线AB交x轴负半轴于点A，交y轴正半轴于点B，点C在点A的左侧，且$CA=\frac{3}{4}CO$，$\triangle ABC$的面积为6，点B的坐标为（0，4）.

（1）求点C的坐标；

（2）求直线AB的解析式；

（3）点D是第二象限内的一个动点，$OD\perp BD$，直线BE垂直射线CD于点E，$OF\perp OD$交直线BE于点

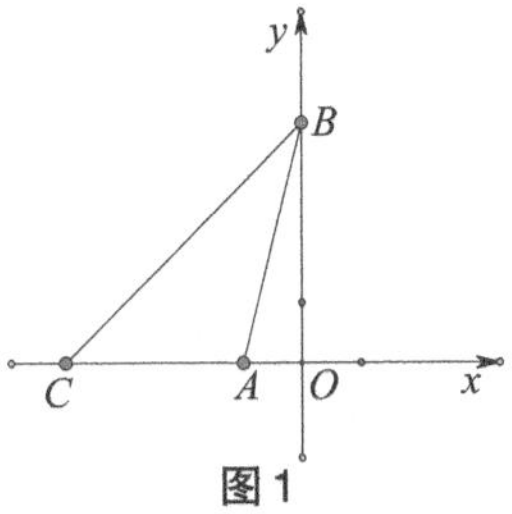

图1

F，那么$\angle BDF$的大小变化吗？如果变化，请说明理由；如果不变，请求出$\angle BDF$的度数？

测量目标分析：

（1）主要考查学生根据题目中的数量关系和给定图形（如图1）求解问题，即求解点C坐标的能力.由于图形是给定的，就需要学生抓住"$\triangle ABC$的面积为6，点B的坐标为（0，4）"来求出线段AC的长度，进而$CA=\frac{3}{4}CO$，确定点C的坐标.这里测量学生探究的兴趣及探究的方法技能，即学生是否具有探究的意愿和初步解决问题的一般方法.

（2）主要测量学生的思维能力，即要求解直线AB的解析式，只要知道或者求出点A及点B的坐标.而点B的坐标是已知的，这里只需要求得点A的坐标，结合学生信息加工的能力及第一小题，易得点A的坐标为（-1，0），利用待定系数法顺利求得直线AB的解析式，同时考查学生的运算能力.

（3）主要测量学生的空间想象能力，即图形运动过程中线与线之间的数量与位置关系，还有根据题目所给信息创新的能力.在本题中，学生要确定$\angle BDF$的大小，就需要根据题意绘制规范图形.他们在绘制出规范图形的基础上，还是可以先猜测出$\angle BDF$的大小是不变的，进而猜测出其为特殊角.接下来考查学生是否会用量角器去验证该角度的大小，估测为45°.最后进入论证环节，即考查学生论证该角为定角，同时考查学生宏观把握图形的能力.学生观察图形可以发现：$\triangle OBF$和$\triangle OCD$为全等三角形，只需要证出两个三角形全等就会发现$OD=OF$，从而得到$\triangle OFD$为等腰直角三角形，即$\angle DFO=\angle BDF=45°$，问题得到解决，该小题的探究性功能得到体现.

详细解答：（略）

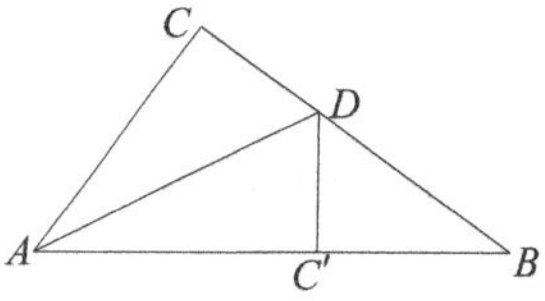

图2

【例2】已知：如图2，在$\triangle ABC$纸片中，$\angle C=90°$，$AC=3$，$AB=5$.按图所示的方法将$\triangle ACD$沿AD折叠，使点C恰好落在边AB上的点C'处.

（1）求折痕AD的长.

（2）点P是边AB上的动点（点P与点A，B不重合），设$AP=x$，$\triangle APD$的面积为y.求y关于x的函数解析式，并写出此函数的定义域.

（3）在（2）的条件下，当$\triangle APD$是等腰三角形时，求AP的长.

测量目标分析：

(1) 主要考查学生信息搜集及再加工的能力，即图形翻折过程中，需要学生根据轴对称的性质找到$\triangle ACD \cong \triangle AC'D$，即可获得不变的元素$AC=AC'$，$CD=CD'$等，再抓住$\mathrm{Rt}\triangle DC'B$的三边利用勾股定理建立方程，就可以求得$CD$或者$CD'$的长度，再利用勾股定理求得$AD$的长度.在这个求解过程中，可以进一步测量学生的运算能力.

(2) 本题主要考查学生寻找两个变量之间的函数关系，由于题目中明确给出$AP = x$，$\triangle APD$的面积为y，那么利用三角形的面积公式既可以获得两个变量之间的函数关系式.根据“点P是边AB上的动点（点P与点A，B不重合）”可以获得自变量的取值范围，考查学生对于临界状态的把握.

(3) 考查学生的空间想象能力，给学生创造一个实际操作几何图形的实验环境.在(2)的条件下，可以任意拖动点P、观察图形、猜测并验证，在观察、探索、发现的过程中，当$\triangle APD$是等腰三角形时可能有三种情况：$AP=AD$，$DP=AD$和$AP=DP$，考查学生问题解决的能力.

详细解答：(略)

二、测试卷的测试结果分析

第一阶段课题实施时，前测试卷的测试结果分布情况如图3.

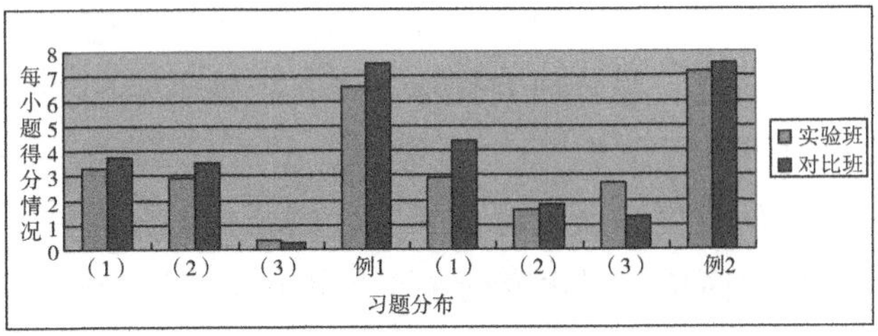

图3　前测试卷每小题得分情况分布

从图3可以发现：两个班级的总体情况相当，实验班的总均分情况略低于对比班.从得分情况，可以这样描述：大部分学生具有探究意识、探究的兴趣和求知欲，这充分说明了开展课题实验的必要性.有部分学生的第2、3小题是空白的，反映出中等及偏下学生主动探究的意识并不是很强，他们学习数学时以个人的情感和意志力为主，会做的题目就解答，不会做的就留白，这更加说明为学生提供探究的机会非常有必要，在探究过程中激发他们主动探究的意识，引导他们掌握探究的方法与技巧.两个班级均有部分优质学生的答题情况较好，能够完全对两道测试题进行全面解读，考查空间想象力的习题也能够借助绘制的草图进行解答，这说明部分学生具有强烈的成功欲和较好的探究意志，但这毕竟是少数.如何对中等及偏下的学生进行有效引导，提升他们的数学探究能力，在后续的学习中，学生的意志品质如何，都还有待考验.

答题情况还反映出，学生在探究技能方法上具备一定的基础，但在搜集并利用信息的技能和方法上比较欠缺，需要加强引导和训练.只有一小部分学生有丰富的空间想象力，学习能力较强，具备探究问题的基础，而更多的学生需要教师耐心地培养他们的探究能力.从学生的探究能力来看，学生总体上的想象能力和思维能力比较一般，思维的品质有待进一步提高.所以，我们有探寻影响学生探究能力提升因素的实践基础，尤其需要测量学生提升探究能力的心理需求.

三、基于学生探究能力现状的下一阶段的改进策略

（一）创造条件，为不同学生提供探究学习的机会

鉴于学生总体素质一般，但具备强烈的探究兴趣，笔者将加大力度抓好学科探究性教学研究，设计研究性学习单，根据学生的差异，进一步给学生提供探究学习的机会.

根据探究问题的难度，所设计的探究性试题一般分为三个层次：基础层次，给出问题比较简单，对探究的主要步骤和思路给予比较明显的提示；中等层次，给出的问题具有一定的综合性和新颖性，探究步骤和思路给予简要的启示，给学生指明探究的方向；较高层次，创设情境，让学生自己发现问题或给出的问题具有一定的开放性，对解题的思路给予“暗示”.

通过创设不同层次的探究，给不同学生提供创造的时空，尊重学生的主体地位，对学生独特的想法巧妙引导，师生相互讨论和诘难、相互启发和鼓舞.这样，教师一方面为学生指明了方向，同时又从学生身上吸取思想的活力和大胆的想法，真正实现教学相长.

（二）创设教学情境，培养学生的探究意识

针对学生的创新精神比较差的现状，笔者通过创设问题情境、创设思维情境、创设探究情境、创设分层教学情境等鼓励学生创新，诱导学生发现、提出问题，激发探究欲望，培养探究意识.教师在研究探究性学习单时，还要精心创设与实际联系的教学情境.

（三）注重探究活动过程，培养学生的探究能力

鉴于学生搜集信息的技能还比较差的现状，教师首先要进一步教会学生获取信息的方法，引导学生学会捕捉信息；其次选题要典型，引导学生深入思考，能举一反三；再次要注重探究过程，学生有效的探究是指学生本身真实的内在活动、亲身感受和体验（感到自己是一个发现者、探究者，觉得自己在这个世界上有价值、有实力、有能力、有用处，对学习充满信心）.这是培养学生探究能力的课堂教学活动的中心环节，是指导学生运用学过的旧知识创造性地解决新问题的过程.不拿现成的方法给学生，而把课堂当作科学家发现定理的场所，引导学生通过观察、分析、类比、猜想、联想、推理、判断等发现结论和方法.

附件11

基于后测试卷的学生探究能力的现状分析

一、后测试题编制

前面已经解释过笔者在行动研究中加入前测、后测的目的，这里主要讲与前测试卷进行对比的后测试卷的试题编制.后测试卷为了提升信度指标，两道题选取了中考卷的最后两题.两道题分别由3道小题组成，内容是求一次函数的截距、平面直角坐标系中等腰三角形的存在性问题、两圆外切的存在性问题、特殊情况下三角比、与双动点问题有关的面积关系式的确定和探索性问题（角度的探索）.每道题都结合了图形的运动、函数和计算等特点，在一课时40分钟的时间内完成测试，可以说试卷的效度指标得到增强.为了了解学生的解题过程，要求学生在试卷原图上进行操作，将思考时使用的草图按思考的前后顺序画出，即使画错不用，也不要擦掉或涂掉，这样便于笔者在测试后对学生的解题思考过程加以了解和分析.试卷完成后，笔者请了两位本校的基础一般的没有参与实验的九年级学生做了后测试卷，发现试卷难度适中，但时间上两人均用了三十几分钟（力所能及）.所以笔者决定将测试时间增加到50分钟（加课间十分钟），希望学生有充足的时间来完成答题，并且要求学生将每题的答题时间记录在试卷题号处.笔者将实验班和对比班学生的测试安排在同一天上午，第一节课实验班进行测试，第二节课对比班进行测试，课间两个班级的学生无交流机会.同时，笔者自己监考，便于在测试中观察学生的解题过程和及时让学生保留画图痕迹.

二、测试分析

（一）测试得分情况分析

实验班与对比班测试情况如图1.

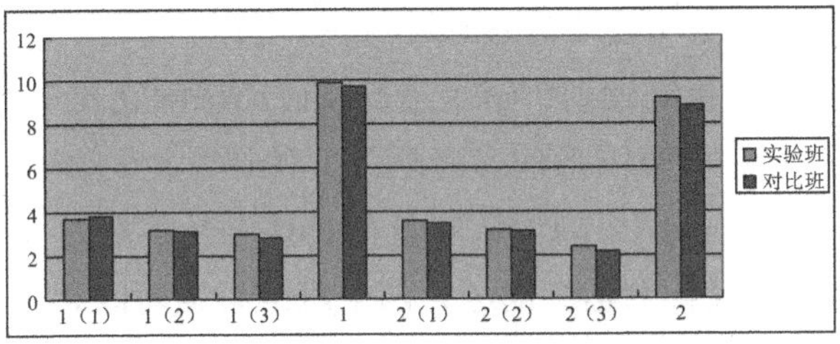

图1　实验班与对比班测试情况统计

从数据上看，经过课题实践过程，实验班探究能力整体上升.这说明经过5次学习单的实践，实验班学生对运用几何画板寻找数学问题的敏感性、解决数学问题的策略性、拓展数学问题的创造性，相比对比班，进步幅度更大，特别是每题的第（3）小题，涉及空间想象能力以及图形运动过程中的变与不变，直接反映为得分情况的答题差异非常明显.这里需要特别指出的是，实验班的学生样本容量为28，其中后进生就有5个，对班级整体的影响尤其厉害.

（二）测试平均时间分析

实验班与对比班测试平均用时情况（单位：分钟）如图2.

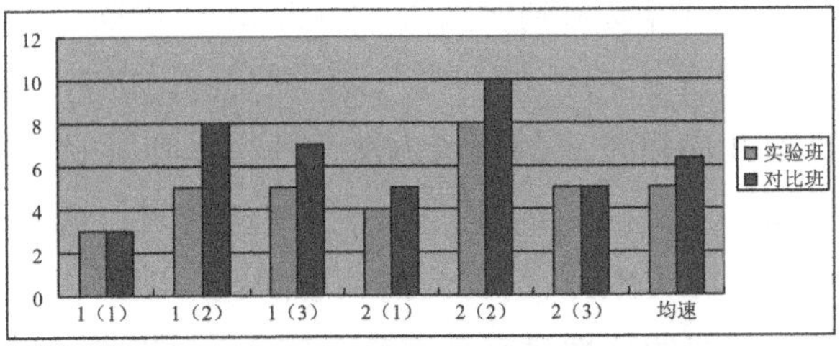

图2　实验班与对比班平均用时情况统计

从学生解题平均时间看，对比班学生答完测试题所用时间比实验班学生需要用时多，但效果反而不如实验班好.考查学生空间想象能力的习题，即学生需要绘图来解答的习题，从解题速度来看，两个班的差异较为明显.

笔者推论两个班差异较为明显的原因有两点：

首先，几何画板能提供精确的图形表征和各种动态操作图形的功能.学生运用几何画板辅助学习时可利用猜测和演绎并重的启思策略，形成视觉发现，最后再完成演绎过程，即猜测、验证、论证.这种通过视觉发现以刺激演绎解释的过程，可以促使学生在较短的时间内形成题目的关键表征，是解题速度与对比班相比较缩短的原因之一.

其次，在几何画板的辅助下学生进行几何动态问题的学习.几何画板软件提供了易于调整和解释图形的参考框架，使得学生的新旧信息不容易相互干扰，能避免判断错误，降低认知负荷，这也是答题时间较短的另一个原因.相反，对于涉及代数运算的题，两个班的答题时间相差不大，原因就是几何画板的教学环境有利于图象表征的形成和操作，但对代数符号的运算作用不大.几何画板中代数符号仅作为命名的功能，不参与运算，因此，几何画板辅助几何动态问题的解决，对于学生代数符号的运算能力培养无较大影响.

（三）从解题过程分析

笔者在监考过程中观察到，几何水平较高的学生画的草图数量比几何水平低的学生要多.例如，测试题1的第（1）小题，能够精确作出图形的同学基本上都是采用几何方法来求解的，获得答案的速度较快，而采用代数方法进行分类讨论的同学就需要逐步求解方程，甚至出现计算错误.又譬如测试题2的第（2）小题，能够具有解题敏捷性和创新能力的同学，借助第（3）小题的辅助线就很容易猜到所探索的角为90°，进而用量角器度量，最后完成论证.

重新画图是解几何题重要的启思方法之一，学生在读图中更容易找寻内容、符号、情境，图具有简约性，可维持视觉清晰，避免连接不相关信息，使得表征与解释更具威力.蕴含几何动态问题的图形，在运动过程中的每一个瞬间，既有相似的特性又有独特的不同之处.解题过程中产生无法读图的原因，可能是学生不能理解图中的特殊规则和约定，所以图形的视觉呈现应与学生的心智模式兼容.在解题过程中，图能启发出相关的几何知识与定理，所以这时学生只有拥有足够的知识才能理解图中的特殊规则和约定.如测试卷中第二（3）题，有的同学解题失败的原因在于无法将旋转前后的图形相似等相关知识应用于解题过程中。辨认图是解题成功的关键，即解题成功的关键在于能否从图中得到更多的启发与应用，因此虽然部分学生能够画出正确图形，但无法进行视觉及思路之间的连接，无法成功解题。又如测试卷中第一（2）、（3）题的动点问题（单动点）测试中，学生由于受提供的配图的影响，对等腰三角形的可能情况只解出一个答案，进而第（3）小题也就只有一个答案.还有一部分学生限于几何思考的成熟度，将图形视为一个整体，无法以分析的动态思维看待图形的个别部分.

研究显示，解题不成功的学生所画的草图通常都是错的，图形能否被正确作出影响解题.笔者发现，学生在解题过程中，一是误将图中不相关的信息甚至是错误信息连接至正确信息，或是由视觉或其他因素产生误判，都可能导致解题错误；二是误把图形中未经证实的发现当做解题或证明的证据，推导出错误的结论.

后测试卷中，笔者观察到实验班学生所画的草图明显比对比班学生多，但在图中以代数符号标注线段长度等的却相对较少.笔者思考，实验班学生多以图形表征题意与几何画板提供的便于操作的图形功能有很大关系，但前面提到的几何画板局限的符号使用，也使得学生较少在思考问题时考虑用符号思维代替几何思考.特别是有些同学，以为画完图就完成了证明，因此几何画板即使能帮助学生更快地发现动态过程中的关键表征，但对学生的几何思考成熟度却无较大帮助.

【例1】在平面直角坐标系内，O为原点，点A的坐标为(1，0)，点C的坐标为(0，4)，直线CM // x轴（如图3）.点B与点A关于原点对称，直线$y=x+b$（b为常数）经过点B，且与直线CM相交于点D，连接OD.

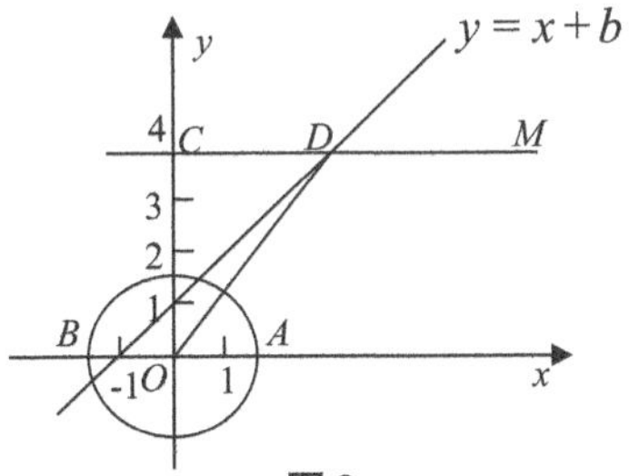

图3

（1）求b的值和点D的坐标；

（2）设点P在x轴的正半轴上，若$\triangle POD$是等腰三角形，求点P的坐标；

（3）在（2）的条件下，如果以PD为半径的圆P与圆O外切，求圆O的半径.

第一小题错解展示：

（1）B点坐标写成（0，-1），D点纵坐标正确；

（2）B点坐标（0，-1）正确，代入解析式$y=x+b$求b的值时，得方程$-1+b=0$，求解得$b=-1$；

（3）B点坐标和b的值正确，得到正确的解析式$y=x+1$，进而求点D（x，4）的坐标时，代入解析式得方程$4=x+1$，解得$x=-3$或者$x=5$；

（4）B点坐标、b的值以及D点的横坐标都没有出错，在写最后一步D点坐标时出错：D（4，3）.

错因剖析：

首先审题不清楚，题目中的“已知点A（1，0），点B与点A关于原点对称”，部分学生对这句话理解不够，或者认为本题不应该这么简单，如老师强调或如模拟卷观察，都不会如此直观地求出，再看试卷上x轴和y轴正半轴都有数字1和-1，唯有y轴负半轴没有出现数字，于是自己臆测应该为B（0，-1）……才会出现第一种错误，把B点坐标写成（0，-1）.支持笔者的第二个想法的是一份试卷，第一次答案全对，得12分，不知怎么转念一想，全部改掉，只得1分，原因就是把B点坐标从（-1，0）改成（0，-1）.

其次就是概念不清，点的横纵坐标识别混淆，如错误（4），最后得出D（4，3）.

再次就是错误（2）和（3）中，关于一元一次方程的解题能力让人担忧，希望同学们在解方程时细致些.

第二小题与第三小题错解展示：

（1）第二小题典型错误是漏解及错解，符合条件的点有三个，较多的学生只给出2个，遗漏1个，其中P（5，0）遗漏最多.错解，是因为解题过程中出现错误，从而失去分数.

如：①$PD=\sqrt{(3-5)^2+(4-0)^2}=\sqrt{2+16}=3\sqrt{2}$；

②P（x，0），则$PD=\sqrt{(x-3)^2+(x-4)^2}$或者$PD=\sqrt{(x-4)^2+(0-3)^2}$，

③$\because(0-x)^2=(x-3)^2+16$，$\therefore x^2=x^2-6x+3+16$（在平方式的展开中，3没有进行平方），$\therefore x=\dfrac{19}{6}$；

④若$(3-x)^2=9$，则$3-x=3$，解得$x=0$；

⑤点P坐标正确答案是$P_1(5，0)$，$P_2(6，0)$，$P_3\left(\dfrac{25}{6}，0\right)$，但是有相当

一部分同学写成$P_1(0,\ 5)$，$P_2(0,\ 6)$，$P_3\left(0, \dfrac{25}{6}\right)$，导致丢分；

⑥把$\triangle POD$看作$\triangle PBD$.

（2）第三小题典型错误有以下5种：

①“外切”看成“相切”，浪费了大量的时间；

②把题目中的“以PD为半径的圆P”看作了“以PD为直径的圆P”，利用两圆位置关系$d=R+r$，求出后又除以2得出错误的半径；

③求出$r=5-2\sqrt{5}<0$，或者$r=2\sqrt{5}-5$，所以舍去；

④当P点坐标为$(6,\ 0)$时，$PD=5$，圆O半径为$6-1=5$；

⑤当P点坐标为$(5,\ 0)$时，$PD=2\sqrt{5}$，圆O半径为$x=6-2\sqrt{5}$.

错因剖析：

同学们对数学思想——分类讨论思想掌握尚可，但是对于三角形什么情况下成等腰三角形没有考虑全面导致失去分数，以及两圆外切的位置关系转化为数量关系的解决存在障碍.

从代数角度，分三种情况：①$PO=DO$；②$PO=DP$；③$DP=OD$，进而利用两点之间的距离公式，即可求得点P的坐标，但是要进行取舍.

从几何角度，分为图4、图5、图6三种情况.

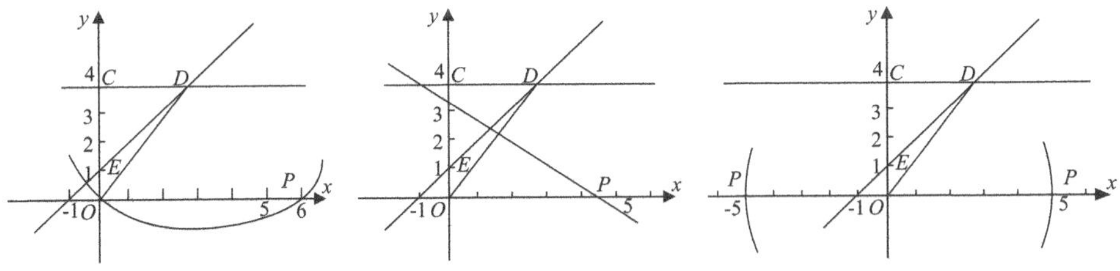

图4　　图5　　图6

图4，以点O为圆心，OD长为半径作弧，交x轴于两点（5，0），(−5，0)，(−5，0）依题意舍；

图5，以点D为圆心，OD长为半径作弧，交x轴于两点（0，0），(6，0)，(0，0）依题意舍；

图6，作OD的垂直平分线，交x轴于一点，通过相似或用锐角三角比知识即可计算出符合条件的第三个点.

两种方法学生都有涉及，但是反映出大家基本的画图能力或者空间想象能力还有待于提高，解方程的基本技能还需要巩固.

总体上，基于前、后测试卷的分析，可以发现其较好地反映出学生探究能力变化的真实水平.笔者将综合前、后测试卷学生的得分情况、答题速度以及基于测定探究能力的学习单实践情况等，更好地更客观对本实践过程给予评价.

参考文献

［1］李士锜.PME：数学教育心理［M］.上海：华东师范大学出版社，2001.

［2］刘兼，孙晓天.全日制义务教育数学课程标准解读［M］.北京：北京师范大学出版社，2002.

［3］翁昌来.学会研究［M］.上海：上海三联书店，2011.

［4］王伟，杨一丽.2009年浙江省宁波市中考试题编拟思路例举［J］.中国数学教育（初中版），2010（7/8）：79-81.

［5］王月梅，潘巨灵，肖利.新型教学模式与学生创新能力的培养［J］.吉林师范大学学报（自然科学版），2005（1）：92-94.

［6］许芬英，周丁丁，毛飞飞.反思：积累 改编 构造 细磨：浙江省2009年初中毕业生学业考试（衢州卷）新颖试题命题思路［J］.中国数学教育（初中版），2010（4）：32-35.

［7］傅小云.课标课程背景下高中数学创新题的编制研究［D］.福州：福建师范大学，2008.

［8］黄燕华.基于能力考查的数学创新试题的编制研究［D］.福州：福建师范大学，2009.

后　记

从教以来，我的专业成长之路可以分为两个阶段.

2010年以前，我主要靠网络学习和阅读提升自己的专业素养.通过孙琪斌名师工作室、广州天河区的天河部落、江苏凤凰数学研修网等网络平台学习，闲暇时阅读中国数学教育等数学核心期刊，开始有意识地反思教育教学过程.

2010年9月，通过上海市浦东新区第二期优秀青年教师培养工程，我认识了导师翁昌来先生.两年学习期间，在数学期刊发表数学论文5篇，课题研究获得浦东新区教科研成果一等奖，逐步形成自己的教育教学风格.

2012年4月，通过上海市第三期名师培养工程，我认识了导师吴卫国先生.五年学习期间，我的科研型成长之路成型，发表或交流数学论文28篇，完成个人数学课题和学校数学课题多个，逐步形成自己的教育教学特色.

2019年4月，通过浦东新区教师培训基地，我认识了导师周宁医先生.两年学习期间，我的数学教育教学观得到提炼，发表或交流数学论文6篇，撰写了2篇研究性学习课例，且对已经发表或交流的数学论文及个人课题进行梳理，遂有本书.

特别致谢严福明先生和亓大江先生.严福明先生作为数学专业的导师，不仅指引我专业成长，还支持我进入市区级名师基地进修，实现我的数学教育教学理想.亓大江先生给我搭建专业化成长的平台，借助进才教育集团及长三角地区的课堂展示，让我在进才中学南校尽情展示我的教育情怀.

笔者行走于教室之间，努力做研究型数学教师，努力做未来的“明”师.

王元友

2021年8月